中级汉语

主编 吴剑锋
编著 郑伟丽 徐新颜

内容提要

本书是为留学生公共汉语中级课程编写的教材，同时也是该课程在线慕课的配套教材。课文包含15个常用的生活、学习和工作情境，贴近飞速发展的科技及商务生活，语料新鲜实用。本教材共上下两册，覆盖了商务汉语A级考试的全部词汇，语法内容覆盖了HSK四、五、六级考试大纲中的所有重点及要点；本册中出现的500多个HSK四、五、六级的生词，均有补充用法及相应练习，并将语法学习与关键句相结合，方便学生记忆、掌握和使用；每篇课文按7～8课时的容量设计，每册可满足一个学期的教学需要。本书适合教师和留学生使用。

图书在版编目(CIP)数据

中级汉语．下/吴剑锋主编．—上海：上海交通大学出版社，2021
ISBN 978-7-313-24331-7

Ⅰ．①中… Ⅱ．①吴… Ⅲ．①汉语—对外汉语教学—教材 Ⅳ．①H195.4

中国版本图书馆CIP数据核字(2020)第265902号

中级汉语(下)
ZHONGJI HANYU(XIA)

主　　编：吴剑锋
出版发行：上海交通大学出版社　　地　　址：上海市番禺路951号
邮政编码：200030　　电　　话：021-64071208
印　　制：当纳利(上海)信息技术有限公司　　经　　销：全国新华书店
开　　本：889mm×1194mm　1/16　　印　　张：13
字　　数：297千字
版　　次：2021年3月第1版　　印　　次：2021年3月第1次印刷
书　　号：ISBN 978-7-313-24331-7
定　　价：78.00元

前言
Preface

《中级汉语（上、下）》是为留学生公共汉语中级课程编写的教材，同时也是该课程在线慕课的配套教材。

来华留学生虽然在文化背景、专业方向等方面呈现多样性的一面，但在对汉语商业价值的认同及学习汉语的经济性驱动上有趋同的一面，这就要求我们在教材上进行一定的调整，以适应新的教学需求。目前国内针对留学生的公共汉语教材尚不多见，已有的对外汉语教材大多以生活汉语为主，较少涉及商务内容；而商务汉语教材又稍显专业，不宜作为公共汉语教材使用。本教材在内容上按“生活中的商务”进行场景设计和词汇选取，做到既兼顾生活和学习，又能满足工作和社会交往的需求。

本书具有以下特点：

(1) 以往课程大多以片段式对话为学习内容，各单元间相对独立，缺少逻辑记忆关联。对此，我们将全部课文的话题进行有机串联，设计成涵盖任务、场景、情节、人物的微电影结构形式，把零碎机械的学习内容，变为与书中人物一起学习、了解中国语言文化，并融入中国社会的有趣过程。

(2) 本书将生活汉语与商务汉语有机融合，上、下两册覆盖商务汉语A级考试的全部词汇；语法内容覆盖HSK三、四、五级考试大纲中的所有重点和要点。本书中出现的500多个HSK四、五、六级的生词，均有补充用法及相应练习，并将语法学习与关键句相结合，方便学生记忆、掌握和使用。

(3) 本课程遵循“学生为主，互动为上，以练促学，用中提高”的教学原则，加大了练习的比重，增加了练习的类型，丰富了词汇量；设计了回答问题、课后练习、本课回顾、交流论坛四大板块。练习类型有填空、选择正确的句子、用所给词语完成对话、英译汉、关键句填空、完成日记（语段练习）等；对于学习者在词汇和语法学习中反复出现的共性错误，有针对性地设计了专门练习。每课最后还为那些学有余力者设计了“拓展阅读”，帮助他们在学习语言的同时，进一步领略汉语和中国文化的魅力。

(4) 课文内容贴近飞速发展的最新社会及科技生活，语料新鲜实用。课文和练习都配有图片及音频文件。

(5) 教材随附课本生词总表和BCT(B)级词汇表，供学习者复习参考。

《中级汉语》分上、下两册，总计30篇课文，覆盖30个常用的生活、学习和工作情境。每篇课文按7～8课时的容量设计，本册教材(15篇课文)可满足一个学期的教学需要。具体课时安排为每周一课，其中课文讲解2～3课时、课后练习4～5课时。

目录
Contents

Dì yī kè Xiào yuán zhāo pìn huān yíng nǐ lái yìng pìn
第一课 校园招聘——欢迎你来应聘

Lesson 1 Campus recruitment — You are welcome to apply for the job

Běnkè Dǎoháng
本课 导航
Lesson Navigation

课文学习：

1. 招聘和应聘
2. 面试通知

语法学习：

1. 由、符合
2. 招聘/应聘、招聘/招收、就要/快要、录用/录取

拓展阅读： 普通话和方言

1. 本公司的校园招聘活动由我负责。
2. 欢迎你来应聘。
3. 公司要扩大规模，招聘一批新职员。
4. 请先填写一下申请表。

5. 两周内我们会打电话通知面试。

序号 No.	生词 New Words	拼音 Pinyin	词性 Part of Speech	英语注释 English	补充用法 Supplementary Usage
1	外贸	wàimào	*n.*	foreign trade	外贸公司
2	招聘	zhāopìn	*v.*	hands wanted; recruit	招聘职员
3	采购	cǎigòu	*v.*	purchase	采购员
4	人力资源	rénlìzīyuán	*n.*	HR(human resource)	人力资源部
5	财务	cáiwù	*n.*	finance; financing	财务处
6	会计	kuàijì	*n.*	accountant	会计专业
7	秘书	mìshū	*n.*	secretary	经理秘书
8	学历	xuélì	*n.*	education background	本科学历
9	软件	ruǎnjiàn	*n.*	software	下载软件
10	开朗	kāilǎng	*adj.*	sanguine; open and clear	性格开朗
11	责任感	zérèngǎn	*n.*	sense of duty; sense of responsibility	责任感强
12	沟通	gōutōng	*v.*	communicate	善于沟通
13	负责	fùzé	*v.*	be responsible for; in charge of	负责……工作
14	工商	gōngshāng	*n.*	industry and commerce	工商局
15	管理	guǎnlǐ	*v./n.*	administer/management	管理员
16	扩大	kuòdà	*v.*	enlarge; amplify	扩大规模
17	规模	guīmó	*n.*	scale; size; dimensions	公司规模
18	职员	zhíyuán	*n.*	office clerk	公司职员
19	销售部	xiāoshòu bù	*n.*	sales department; sales division	销售部主管
20	应届	yīngjiè	*adj.*	the present graduating year	应届毕业生
21	市场营销	shìchǎng yíngxiāo	*n.*	marketing management	市场营销专业
22	符合	fúhé	*v.*	conform; coincide	符合标准
23	条件	tiáojiàn	*n.*	condition; requirement	办公条件
24	通知	tōngzhī	*v./n.*	inform/notification; message	等通知

（续表）

序号 No.	生词 New Words	拼音 Pinyin	词性 Part of Speech	英语注释 English	补充用法 Supplementary Usage
25	资料	zīliào	*n.*	data; material	个人资料
26	笔试	bǐshì	*v.*	paper test	笔试日期
27	录用	lùyòng	*v.*	hire; employ	被录用
28	试用期	shìyòng qī	*n.*	probationary period; trial period	试用期满
29	正式	zhèngshì	*adj./adv.*	official/officially; in due form	正式职工
30	具体	jùtǐ	*adj.*	specific; definite	具体介绍
31	材料	cáiliào	*n.*	material	相关材料
32	成绩单	chéngjì dān	*n.*	academic transcript	学习成绩单
33	证书	zhèngshū	*n.*	certification	合格证书
34	原件	yuánjiàn	*n.*	master copy; original copy	身份证原件

Duìhuà 对话 Dialogue

东方外贸公司招聘启事

招聘部门：销售部、采购部、人力资源部、财务部

招聘职位：销售部职员、财务部会计、秘书

招聘要求：

1. 相关专业本科以上学历。
2. 英语四级以上，普通话流利。
3. 能熟练使用 Office 办公软件。
4. 性格开朗，善于沟通，富于责任感。

场景：校园招聘会。（留学生如礼参加校园招聘会，与东方外贸公司马经理交谈）

如　礼：您好！您是东方外贸公司的马经理吧？

马经理：是的，本公司这次的校园招聘活动由我负责，欢迎您来应聘。

如　礼：我叫如礼，是美国人。我是本校工商管理学院的学生，六月底就要毕业了。我看到了贵公司的招聘启事，知道你们公司要扩大规模，招聘一批新职员。

马经理：是的，我们公司的销售部、采购部、人力资源部和财务部都需要招人，具体有销售部职员、财务部会计、秘书等。不知道您对哪个职位感兴趣？

如　礼：我对销售很感兴趣，我想应聘的部门是销售部。这是我的简历。

马经理：您过去有这方面的工作经验吗？

如　礼：我是应届毕业生，学的是市场营销专业。我当过半年市场营销的实习生。

马经理：我听了您的介绍，也简单看了一下您的简历，觉得您符合我们的招聘条件。

如　礼：太好了，谢谢！

马经理：那请先填写一下申请表，两周内我们会打电话通知面试的。这是公司和部门介绍的资料，您可以看一下。

如　礼：好的，我回去仔细阅读一下。我还想问一下，如果面试通过的话，还需要笔试吗？

马经理：没有笔试。不过，如果录用的话，会有三个月的试用期，试用通过的话，就正式录用。

如　礼：好的，谢谢！

（一周后，如礼接到面试通知电话）

王小姐：请问是如礼先生吗？我是东方外贸公司人力资源部的王芳。

如　礼：王小姐，您好！我是如礼。

王小姐：您的申请表我们收到了，感谢您申请我们公司的销售职位。您的条件比较符合我们的要求，所以通知您来面试。

如　礼：太好了，谢谢！

王小姐：请您在 4 月 15 号上午 9 点来我们公司参加面试，具体地点短信通知您。

如　礼：请问我需要准备什么材料？

王小姐：面试时请带上护照、在校学习成绩单、获奖证书等简历上提到的材料原件。

如　礼：好的，谢谢您！

王小姐：不客气，再见！

如　礼：再见！

注释 Notes

1. 启事 qǐshì：是机关、团体、单位、个人有事情需要向公众说明，或者请求有关单位、广大群众帮助时所写的一种说明事项的使用文体。
2. 本公司 běn gōngsī：就是我们公司。本，自己方面的。如：本人、本公司、本校、本国。本人是自称，说话人指自己，是较为正式的自称，多用于一些严肃的场合，也常见于书面语。贵公司 guì gōngsī：是对对方公司表示尊敬的称呼。贵，表示尊敬（respect）和礼貌（politeness）。如：贵公司、贵姓。
3. 试用期 shìyòngqī：是指在劳动合同期限内，用人单位对劳动者是否合格进行考核，同时，劳动者对用人单位是否符合自己的要求也进行考核，这是一种双向选择的表现。

Huídá Wèntí 回答问题 Questions about the Text

1. 请介绍一下如礼的情况。
2. 东方外贸公司为什么要招聘新职员？

3. 东方外贸公司要招聘什么职员？
4. 如礼应聘的是哪个部门？
5. 如礼有没有工作经验？
6. 这次东方外贸公司招聘的过程是怎么样的？
7. 王小姐是做什么的？
8. 面试时需要带什么材料？

Yǔfǎ Diǎn 语法点 Grammar Focus

一、由

介词"由"表示某事归某人去做，在句子中和它的宾语一起做状语。例如：

(1) 这件事由你来处理。
(2) 这学期由张明担任班长。
(3) 这项决定是由校长亲自做的。

二、符合

"符合"是动词，表示前一个事物与后一个事物相一致，无差异。带名词性宾语，多为观念、标准、要求等。

(1) 我们的产品质量符合标准。
(2) 他说的情况符合事实。
(3) 你的眼睛近视，不符合当飞行员的要求。

Cíyǔ Biànxī 词语辨析 Word Differentiation

一、招聘、应聘

"招聘"的意思是用公告的方式聘请。"应聘"的意思是接受聘请。例如：

(1) 公司要扩大规模，销售部需要招聘新职员。
(2) 网上有很多公司的招聘信息。
(3) 欢迎你来应聘。
(4) 我来应聘秘书这个职位。

二、招聘、招收

"招聘"，动词，"用公告的方式聘请需要的人员"。"招收"，动词，"用考试或其他方法接受学生、学徒或工作人员等"。两个词所搭配的对象有所不同，"招收"的人员是学生或一般工作人员，而"招聘"的对象多是有专业知识的各方面人才。例如：

（1）公司要招聘一批技术人才。
（2）大同市教育局公开招聘221名教师。
（3）这个学校将招收600名新生。
（4）现在很多工厂都招收不到新工人。

三、就要、快要

“就要”和“快要”都是副词，表示在很短的时间内要发生某个事情。

二者的区别在于，“就要”比“快要”强调的时间更短。例如：天快要亮了/天就要亮了。当句子中出现时间标志时，只能用“就要”，不能用“快要”。例如：

（1）还有十分钟就要下课了。
（2）他明天就要回来了。
（3）他快要/就要回来了。
（4）你快要放弃的时候，可以看看这几句激励人的话。

四、录用、录取

“录取”，动词，“选定考试合格的人入学”。“录用”，动词，“收录人员；任用”。两个词搭配的对象有所不同。“录取”的对象一般是新生，录取以后让他们学习和深造。“录用”的对象是工作人员，录用以后让他们工作。例如：

（1）今年我们部门打算录用12名新职员。
（2）由于面试的成绩很好，他被这个公司录用了。
（3）因为差了一分，他没有被北京大学录取。
（4）今年我们学校录取了1 000名新生。

一、看图填空。According to the pictures, fill in the blanks with the words you have learnt in this lesson.

1. 我是公司的经理，欢迎你来________。

A. 招聘　　　B. 应聘　　　C. 介绍

2. 公司要扩大规模，________活动由我负责。

A. 招聘　　B. 应聘　　C. 面试

3. 你可以看一下这些________。

A. 部门　　B. 阅读　　C. 资料

4. 这里的酒店住宿________还不错。

A. 条件　　B. 录用　　C. 原件

二、选词填空。Complete the sentences with the right words.

1. 如果开会时间有变化，请提早________我。
   A. 会计　　B. 扩大　　C. 通知
2. 经理让小王去外地________一批货物。
   A. 采购　　B. 部门　　C. 符合
3. 办公室的日常工作由主任________处理。
   A. 开朗　　B. 条件　　C. 负责
4. 这次招聘对象以________毕业生为主，但也欢迎有工作经验的人士。
   A. 职员　　B. 应届　　C. 学历

5. 他们公司的________情况我也不清楚。
   A. 条件　　B. 具体　　C. 通知
6. 工厂为了________生产，采购了一批新机器。
   A. 财务　　B. 扩大　　C. 规模
7. 经过三个月的试用期，姐姐成了那家公司的________员工。
   A. 成绩单　　B. 正式　　C. 笔试
8. 面试时，需要带上毕业证书________。
   A. 原件　　B. 成绩单　　C. 学历

三、近义词填空。Complete the sentences with the right synonyms.

1. 我看到公司招人的信息，来________经理职位。
   A. 招聘　　B. 应聘
2. 有职员辞职了，公司需要再________一位会计。
   A. 招聘　　B. 应聘
3. 她就要毕业了，天天关注________启事。
   A. 招聘　　B. 应聘
4. 我们学校今年要________500 个新学员。
   A. 招聘　　B. 招收
5. 国家每年都会________一批新兵。
   A. 招聘　　B. 招收
6. 公司的________活动由王经理负责。
   A. 招聘　　B. 招收
7. 这个新开办的工厂正在________工人。
   A. 招聘　　B. 招收
8. 他被那家公司________了。
   A. 录用　　B. 录取
9. 他收到了大学________通知书，全家人都很高兴。
   A. 录用　　B. 录取
10. 今年年初，他被________为研究所副所长。
   A. 录用　　B. 录取

四、从两个句子中选出正确的句子。Choose the correct one from each pair of sentences below.

1. (　　)
   A. 我今年夏天就要毕业了。
   B. 我今年夏天快要毕业了。
2. (　　)
   A. 明天他快要出发了。
   B. 明天他就要出发了。

五、用所给的词语完成对话。Complete the dialogues with the words given.

1. A：这件事你们谁来处理？
   B：________________________________。（由……负责）
2. A：咱们分工来做家务吧。
   B：________________________________。（由）
3. A：他为什么没有被录取？
   B：________________________________。（符合……要求）
4. A：这家的菜怎么样？
   B：________________________________。（符合……口味）

六、英译汉。Translate the sentences below into Chinese.

1. I am responsible for the company's campus recruiting activities.
   ____
2. You are welcome to apply for the job.
   ____
3. We will give you a reply within a week. Please wait for the notification.
   ____
4. I will send my resume to the company e-mail address.
   ____
5. Our company is planning to expand. The sales department, the human resources department and the finance department all need to recruit new staff.
   ____

Běnkè Huígù 本课回顾 Looking Back

一、关键句填空。Complete the key sentences.

1. 本公司的校园________活动由我________。
2. 欢迎你来________。
3. 公司要扩大________，________一批新职员。
4. 请先________一下申请表。
5. 两周内我们会打电话________面试。

二、如礼的日记。Please help Ruli finish his diary using the words given.

原件　资料　招聘　就要　通知　应聘

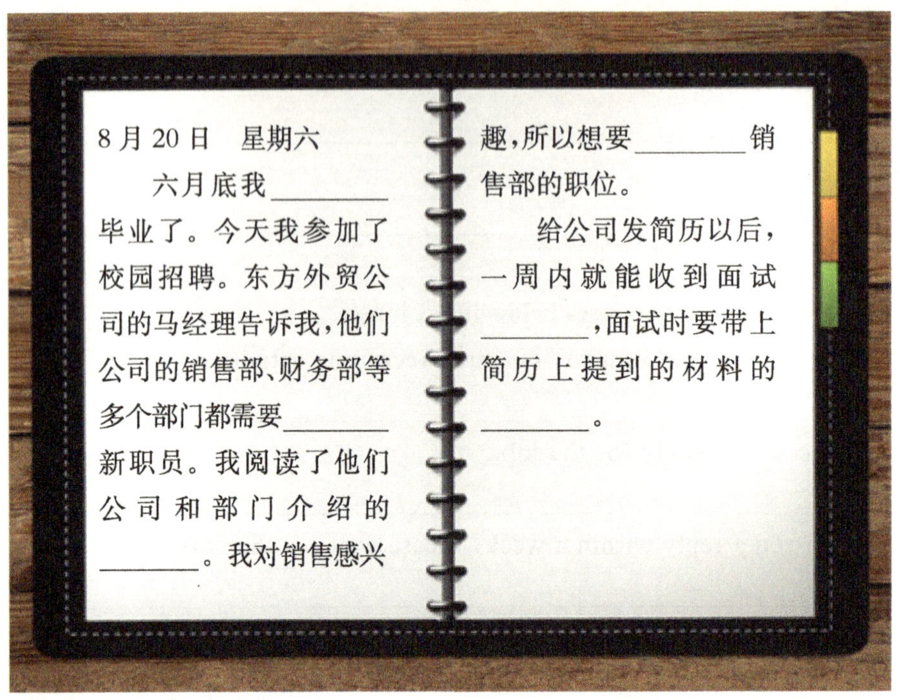
8月20日　星期六

六月底我________毕业了。今天我参加了校园招聘。东方外贸公司的马经理告诉我，他们公司的销售部、财务部等多个部门都需要________新职员。我阅读了他们公司和部门介绍的________。我对销售感兴趣，所以想要________销售部的职位。

给公司发简历以后，一周内就能收到面试________，面试时要带上简历上提到的材料的________。

1. 说说你的一次应聘经历，比如：你去了什么企业？应聘什么职位？招聘的人问了你哪些问题？你是怎么回答的？

____

____

____

____

2. 两个人合作，扮演招聘者和应聘者，设计一段应聘工作时的对话。

____

____

____

____

Qīngsōng Yíkè 轻松一刻 Fun Time

你被开除了

经理：你被公司开除了。

快递员：为什么？我从不迟到，而且每天一直在办公室认真工作。

经理：因为我们是快递公司，而你是快递员。

Bǔchōng Shēngcí 补充生词 Supplementary Words

1. 开除 kāichú	*v.*	expel; dismiss
2. 快递员 kuàidìyuán	*n.*	courier; deliveryman

Tuòzhǎn Yuèdú 拓展阅读 Extensive Reading

普通话和方言

外国人学汉语，一般学的是普通话。可有时候我们去全国各地旅游时，那里的人说的话我们却完全听不懂，这是因为他们说的是方言。中国不同的地方有不同的方言。

普通话是指现代标准汉语，它是以北京语音为标准音，以北方官话为基础方言，以典范的现代白话文著作为语法规范的通用语。它是在方言的基础上逐渐形成和发展起来的，并推广到各地区、各民族之间的全国通用语言，是中华民族独有的语言标志和宝贵财富。

因为中国地域广阔，人口众多，不同的地方形成了现代汉语中各种不同的方言。一般认为现代汉语方言可以分为七大方言区，即北方方言、吴方言、湘方言、客家方言、闽方言、粤方言、赣方言。现代汉语各方言之间的差异表现在语音、词汇、语法各个方面，语音方面尤为突出。

你去过中国的哪些地方？那里的人说什么方言？

Dì èr kè Miàn shì——qǐng zuò yí xià zì wǒ jiè shào
第二课 面试——请做一下自我介绍

Lesson 2 Interview — Please introduce yourself

Běnkè Dǎoháng
本课 导航
Lesson Navigation

课文学习：

1. 参加面试
2. 公司的发展前景和待遇

语法学习：

1. 于、进一步、体会、尽快
2. 经历/经验、参与/参加、策划/计划

拓展阅读： 56个民族

Guānjiàn Jù
关键句 Key Sentences

1. 欢迎你来参加今天的面试。
2. 请先做一下自我介绍。
3. 我觉得贵公司的发展前景很好。
4. 我非常希望能获得这个工作机会。
5. 请说说你的实习经历。
6. 我性格开朗，善于与人交际。

Shēngcí 生词 New Words

序号 No.	生词 New Words	拼音 Pinyin	词性 Part of Speech	英语注释 English	补充用法 Supplementary Usage
1	状况	zhuàngkuàng	*n.*	condition；state；status	身体状况
2	背景	bèijǐng	*n.*	background；setting	家庭背景
3	经历	jīnglì	*n./v.*	experience/undergo	工作经历
4	获奖	huòjiǎng	*v.*	win a prize；win an award	获奖证书
5	演讲	yǎnjiǎng	*n./v.*	lecture；speech/give a lecture；make a speech	演讲比赛
6	奖学金	jiǎngxuéjīn	*n.*	scholarship	申请奖学金
7	具备	jùbèi	*v.*	have；possess	具备条件
8	熟练	shúliàn	*adj.*	skilled；practised；proficient	熟练掌握
9	掌握	zhǎngwò	*v.*	grasp；master	掌握技能
10	广泛	guǎngfàn	*adj.*	extensive；wide range	广泛应用
11	适应	shìyìng	*v.*	adapt；acclimatize oneself to	快速适应
12	环境	huánjìng	*n.*	environment；surroundings	自然环境
13	知名	zhīmíng	*adj.*	famous；well-known	知名人物
14	企业	qǐyè	*n.*	enterprise；company	企业家
15	规范	guīfàn	*n.*	standard；criterion	法律规范
16	人才	réncái	*n.*	talent；person with ability	优秀人才
17	前景	qiánjǐng	*n.*	prospect；foreground；vista	发展前景
18	获得	huòdé	*v.*	obtain；acquire；gain	获得好评
19	机会	jīhuì	*n.*	chance；opportunity	抓住机会
20	参与	cānyù	*v.*	participate in；take part in	积极参与
21	策划	cèhuà	*v.*	plan；scheme	策划活动
22	周年庆	zhōuniánqìng	*n.*	anniversary celebration	举办周年庆
23	效果	xiàoguǒ	*n.*	result；effect	效果良好
24	深刻	shēnkè	*adj.*	profound	深刻的记忆
25	体会	tǐhuì	*v./n.*	experience；taste；realize/what one has learned from work，study，etc.	亲身体会
26	合作	hézuò	*v.*	collaborate	双方合作

（续表）

序号 No.	生词 New Words	拼音 Pinyin	词性 Part of Speech	英语注释 English	补充用法 Supplementary Usage
27	收获	shōuhuò	*v.*/*n.*	harvest; gain; reap/ results; acquisition	收获丰富
28	优势	yōushì	*n.*	advantage; superiority	具有优势
29	善于	shànyú	*v.*	be adept in; be good at	善于学习
30	交际	jiāojì	*v.*	communicate; contact	与人交际
31	精通	jīngtōng	*v.*	be proficient in; be skillful at	精通电脑
32	薪水	xīnshuǐ	*n.*	salary; pay	领薪水
33	起薪	qǐxīn	*n.*	starting salary; initial emolument	起薪工资
34	业绩	yèjì	*n.*	performance; achievement	销售业绩
35	考核	kǎohé	*v.*	check; assess; examine	月度考核
36	奖金	jiǎngjīn	*n.*	bonus	发奖金

场景：面试。

如礼的简历

姓名	如礼	性别	男	照片
出生年月	1996 年 3 月	国籍	美国	
学历	本科	专业	市场营销	
身高	185 cm	健康状况	良好	
联系电话	138×××× ××××	电子邮箱	ruli@hotmail.com	
教育背景				
2014.9—2018.6 上海大学工商管理学院				
工作经历				
2017.9—2018.2 耐克体育(中国)有限公司上海分公司实习				
获奖情况				
2015.6 获得上海市留学生作文比赛二等奖 2016.3 获得上海大学留学生演讲比赛一等奖 2017.10 获得上海大学一等奖学金				
个人能力				
通过汉语水平考试六级，具备良好的汉语听说读写能力。 熟练使用 Office 办公软件。熟练掌握 Flash 等软件。				
爱好特长				
音乐、足球				

王小姐：你好！欢迎你来参加今天的面试！请先做一下自我介绍。

如　礼：您好！我叫如礼，是美国人，毕业于上海大学工商管理学院。在校期间学习认真，具有广泛的兴趣。适应能力强，能在较短的时间内适应新的环境。

王小姐：你为什么选择我们公司？

如　礼：贵公司是上海的知名企业，管理比较规范。我所学的专业与贵公司需要的人才相符合，这里的企业文化我也很喜欢，我觉得贵公司的发展前景很好，非常希望能获得这个工作机会。

李经理：你的简历上写着你学了四年的市场营销专业，你可以告诉我，你学到了哪些知识吗？

如　礼：我不仅学到了很多具体的营销方法，也对中国经济和市场的特点有了进一步的了解，我还学会了很多与人沟通的方法和管理方面的知识。

李经理：你在简历上写了你实习过半年，请你说说你的实习经历吧。

如　礼：我去年在耐克公司的销售部实习过半年。我参与策划过一次周年庆活动，市场效果很好。在那次实习过程中，我深刻体会到了团队合作的重要性，这是我此次实习的最大收获。

李经理：你认为你的优势是什么？

如　礼：我性格开朗，善于与人交际。另外，英文是我的母语，我又精通汉语，语言也是我的一大优势。

李经理：你对薪水有什么要求？

如　礼：我能不能问一下，这个职位的起薪是多少？

王小姐：起薪是每个月税前6000元，我们公司实行十三薪。另外，年底还会根据业绩考核结果发放奖金。你对我们公司还有什么需要了解的吗？

如　礼：我没有问题了，谢谢您！

王小姐：好的，非常感谢你来参加这次面试。我们会尽快通知你面试结果的。

如　礼：好的，谢谢！再见！

注释 Notes

1. 个人简历 gèrén jiǎnlì：是求职者给招聘单位发的一份简要介绍。包含自己的基本信息：姓名、性别、年龄、民族、籍贯、政治面貌、学历、联系方式，以及自我评价、工作经历、学习经历、荣誉与成就、求职意愿等。
2. 起薪 qǐxīn：刚刚开始工作的工资。是单位给刚入职的试用人员发的初次核定的月薪，主要与自己的学历、级别有关系。
3. 十三薪 shísān xīn：一些公司为了鼓励员工，给员工一定的福利，会在年底的时候多发一个月的工资作为年终奖金，也就是一般企业所谓的年终奖，这样员工一年就相当于拿了13个月的工资，故称为十三薪。有的企事业单位，十三薪是十三薪，年终奖是年终奖，十三薪以外还有年终奖。

Huídá Wèntí 回答 问题 Questions about the Text

1. 请介绍一下如礼在校期间的学习情况。
2. 如礼为什么应聘这家公司？
3. 大学四年，如礼学习到了什么？
4. 如礼有什么实习经历？
5. 如礼的优势是什么？
6. 这个职位的薪水怎么样？

Yǔfǎ Diǎn 语法 点 Grammar Focus

一、于

介词，文言词，用来引出时间、处所等，相当于“在”。在现代汉语书面语中仍大量使用。例如：

(1) 他毕业于1990年。
(2) 他出生于一个知识分子家庭。
(3) 处于困难之中的灾区人民，需要我们的援助。

二、进一步

表示事情的进行在程度上比以前有所提高。一般在句子中做状语或定语。例如：

(1) 学好汉语后，他准备进一步研究中国的历史。
(2) 要想彻底解决这个问题，必须要进一步努力。
(3) 技术革新以后，我们的产品销量进一步增加了。

三、体会

1. (名)感受、心得。

(1) 请大家谈谈这次到南方参观的体会吧。
(2) 他从事写作多年，在创作方面很有体会。
(3) 没有深入的观察和思考，就不会有深刻的体会。

2. (动)体验、领会。

(1) 这件事让我体会到了朋友之间的真情。
(2) 他的心情我能体会得到。
(3) 做了父亲以后，他才体会到了为人父母的不易。

四、尽快

表示力求达到最快的速度。在句子中多做状语。例如：

(1) 请尽快完成这个任务。
(2) 看到短信后，请尽快回复我。
(3) 我们要使新机器尽快投入生产。

Cíyǔ Biànxī 词语辨析 Word Differentiation

一、经历、经验

“经历”，可作名词、动词。作名词时，意思是“亲身遇到过的事情”；作动词时，意思是“亲身遇到过”。“经验”是名词，意思是“从已经发生的事件中得到的知识”。尤其要注意的是，“经验”不是自然产生的。例如：

(1) 我经历了很多困难。(*v.*)
(2) 我很荣幸有机会谈谈自己四年的经历。(*n.*)
(3) 工作五年了，他有丰富的工作经验。(*n.*)
(4) 你经历过很多事情，但不一定很有经验。(*n.*)

二、参与、参加

“参与”，动词，表示以某种次要的身份加入、融入某件事或者活动。“参加”，动词，表示加入某种组织或某种活动中。两个词都含有介入某一事情，置身其中的意思。不同的是，“参加”的对象可以为事情、活动或组织机构；“参与”的对象只能是事情或活动，不能是组织或机构。例如，不可以说“大卫参与了留学生会”。另外，在一个活动中，“参与”者一般不是该活动的主体，“参加”者则可以是活动的主体。例如：

(1) 上海的众多市民都参与了“世博会”的工作。
(2) 我不想参与你们之间的事。
(3) 我参加了旅行团，去北京旅行了一个星期。
(4) 我没参加比赛，但我还是参与了一下，我去给同学们加油。

三、策划、计划

“策划”，动词、名词，“有谋略的计划”的意思，如幕后策划、舞台策划。“计划”，动词、名词，“工作或行动之前预先拟定具体内容、步骤”的意思，如工作计划、五年计划。二者的区别在于，“策划”是事先谋划，侧重于较大的目标和方案，进行总体设计，多与方案、活动等搭配；“计划”是策划的具体化。例如：

(1) 他们正在策划一场新的战争。
(2) 他是这个电视剧的总策划。
(3) 大卫计划去南京学习三个月汉语。
(4) 你要做好明年的工作计划。

一、看图填空。According to the pictures, fill in the blanks with the words you have learnt in this lesson.

1. 如礼上个星期去了这家公司________。

A. 面试　　B. 学习　　C. 旅游

2. 我想学工商管理________。

A. 书本　　B. 专业　　C. 工作

3. 下个月我就________了，打算去这家公司工作。

A. 开学　　B. 毕业　　C. 下课

4. 互联网产业发展________非常好。

A. 前景　　B. 背景　　C. 未来

二、选词填空。Complete the sentences with the right words.

A 薪水 适应 起薪 前景 背景

1. 这幅照片的________是宽阔的大海。
2. 小王________环境的能力很强，他到哪里都很开心。
3. 他每个月领了________后，第一件事就是去买书。
4. 我们可以给你6000元作________，以后每年增加10%。
5. 这个公司的发展________很好。

B 业绩 优势 机会 善于 效果

6. 爸爸________交际，结识了很多朋友。
7. 年轻是你们的最大________。
8. 这次出国学习的________难得，你要好好珍惜。
9. 公司使用了新的市场营销方法，________不错。
10. 马明的销售________是全公司最好的。

三、近义词填空。Complete the sentences with the right synonyms.

1. 才三十岁就看起来那么老，不知道这几年他________了什么。
   A. 经历　　　　B. 经验
2. 在销售方面，他很有________。
   A. 经历　　　　B. 经验
3. 公司要招聘有三年以上工作________的人。
   A. 经历　　　　B. 经验
4. 那次旅行是一次令人难忘的________。
   A. 经历　　　　B. 经验
5. 到底________哪个课外活动小组，我还没想好。
   A. 参与　　　　B. 参加
6. 虽然没有很多时间，但他还是作为志愿者________了一部分活动。
   A. 参与　　　　B. 参加
7. 老王是这次公司团队活动的________者。
   A. 策划　　　　B. 计划
8. 本来________今天开运动会，没想到一早就下雨了。
   A. 策划　　　　B. 计划
9. 小马从事广告________工作。
   A. 策划　　　　B. 计划
10. 公司________明年到海外上市。
    A. 策划　　　　B. 计划

四、从两个句子中选出正确的句子。Choose the correct one from each pair of sentences below.

1. （　　）

   A. 我熟练精通汉语。

   B. 我有广泛的兴趣。

2. （　　）

   A. 我体会到了合作的重要性。

   B. 他善于沟通，交际能力很大。

五、用所给的词语完成句子或对话。Complete the dialogues with the words given.

1. A：你从哪个学校毕业的？

   B：____。（于）

2. A：你是哪一年上大学的？

   B：____。（于）

3. A：你能说说你学习汉语的感受吗？

   B：____。（体会 *v.*）

4. A：昨天的班会上，同学们都谈了什么？

   B：____。（体会 *n.*）

5. 客户对产品的质量还不太满意，____________________________。（进一步）

6. 通过学校组织的这次旅行，____________________________。（进一步）

7. 如果你得到消息，____________________。（尽快）

8. A：你什么时候能完成作业？

   B：____。（尽快）

六、英译汉。Translate the sentences below into Chinese.

1. Do you have any work experience?

   ____

2. He is an all-round good person.

   ____

3. Welcome to today's interview.

   ____

4. Please make a self-introduction.

   ____

5. This is a well-known enterprise with standardized management.

   ____

Běnkè Huígù 本课 回顾 Looking Back

一、关键句填空。Complete the key sentences.

1. 欢迎你来________今天的面试。
2. 请先做一下自我________。
3. 我觉得贵公司的发展________很好。
4. 我非常希望能________这个工作机会。
5. 请说说你的实习________。
6. 我性格________，________与人交际。

二、如礼的日记。Please help Ruli finish his diary using the words given.

结果 通过 实习 面试 经验 需要

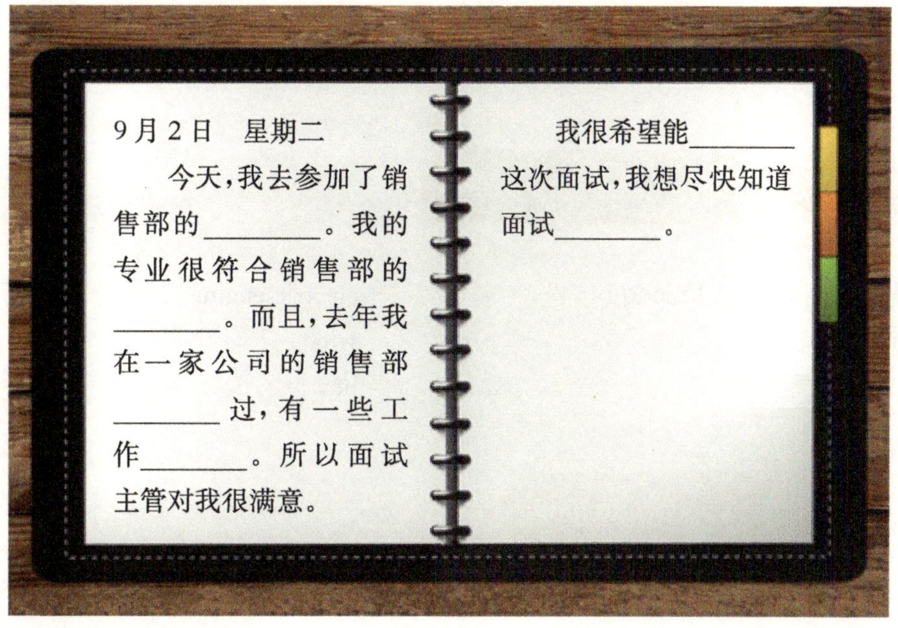

9月2日 星期二

今天，我去参加了销售部的________。我的专业很符合销售部的________。而且，去年我在一家公司的销售部________过，有一些工作________。所以面试主管对我很满意。

我很希望能________这次面试，我想尽快知道面试________。

Jiāoliú Lùntán 交流 论坛 Forum

1. 说说你们的面试经历吧！面试官(miànshìguān, interviewer)会提(tí, to raise)哪些问题？

____

____

____

____

2. 你们公司的福利怎么样？

____

____

____

____

Qīngsōng Yíkè 轻松 一刻 Fun Time

面试官：请问电动发动机是如何工作的？

王明：突突突，突突突……（tū，here “tū” is the sound emitted by the electric engine）

面试官：停！

王明：突突突……哼！

Bǔchōng Shēngcí 补充 生词 Supplementary Words

1. 电动发动机 diàndòng fādòngjī	*n.*	electric engine
2. 如何 rú hé	*pron.*	what
	adv.	how

Tuòzhǎn Yuèdú 拓展 阅读 Extensive Reading

56 个民族

中国有 56 个民族，汉族、壮族、回族、满族、维吾尔族、苗族、彝族、土家族、藏族、蒙古族、白族、朝鲜族、傣族等。汉族是中国的主体民族，占总人口的 91.51%，其他 55 个少数民族，占 8.49%。

云南是中国少数民族最多的省，有 25 个少数民族，其中 15 个少数民族是云南省独有的。少数民族有自己独特的语言和文化。比如傣族，历史悠久，文化丰富多彩，有自己的历法、语言、文字。傣族人民性格温和，喜爱歌舞，以丰富的民族文学艺术著称于世，其音乐、舞蹈、民歌、民间传说故事等都富有民族特色。傣族村寨多临江河湖泊，住宅通常为每户一座竹楼。

下次去少数民族地区旅游时，好好体验一下他们的文化和风俗吧！

Dì sān kè　Bì yè diǎn lǐ——zhù hè nǐ bì yè le

第三课　毕业典礼——祝贺你毕业了

Lesson 3　Commencement — Congratulations on your graduation

Běnkè Dǎoháng

本课　导航

Lesson Navigation

课文学习：

1. 毕业典礼发言
2. 专业与就业

语法学习：

1. 搞、根据、明确
2. 祝贺/祝、崇拜/崇敬、逐步/逐渐

拓展阅读：八大菜系

1. 祝贺你毕业了。
2. 你作为毕业生代表发言，讲得很精彩。
3. 能有机会在毕业典礼上谈一谈自己的经历和感受，我很荣幸。
4. 扎实的专业知识，过硬的专业技能，是在社会上立足的基础。
5. 我不仅提高了汉语水平，还了解了不少企业资讯，逐渐明确了求职方向。

Shēngcí 生词 New Words

序号 No.	生词 New Words	拼音 Pinyin	词性 Part of Speech	英语注释 English	补充用法 Supplementary Usage
1	典礼	diǎnlǐ	*n.*	ceremony	开学典礼
2	作为	zuòwéi	*v.*	conduct；act as	作为代表
3	代表	dàibiǎo	*v./n.*	on behalf of；represent/representative	学生代表
4	发言	fāyán	*v.*	make a statement	上台发言
5	崇拜	chóngbài	*v.*	worship；adore	崇拜英雄
6	辩论	biànlùn	*v.*	argue；debate	辩论赛
7	荣幸	róngxìng	*adj.*	be honored；pleasure	感到荣幸
8	夸奖	kuājiǎng	*v.*	praise；compliment	夸奖别人
9	请教	qǐngjiào	*v.*	consult；seek advice from	向人请教
10	扎实	zhāshi	*adj.*	sturdy；strong；solid	扎实的基本功
11	过硬	guòyìng	*adj.*	have a perfect mastery of sth.	过硬的本领
12	技能	jìnéng	*n.*	technical ability；skill	掌握技能
13	立足	lìzú	*v.*	based on；keep a foothold	在社会上立足
14	基础	jīchǔ	*n.*	basis	打好基础
15	搞	gǎo	*v.*	do；get；make；carry on	搞建筑设计的
16	学业	xuéyè	*n.*	school work	学业有成
17	社团	shètuán	*n.*	mass organization	社团活动
18	培养	péiyǎng	*v.*	train；cultivate；foster	培养学生
19	锻炼	duànliàn	*v.*	have physical training；take exercise	锻炼身体
20	组织	zǔzhī	*v.*	organize	组织春游
21	情商	qíngshāng	*n.*	EQ(emotional quotient)	情商高低
22	积极	jījí	*adj.*	positive；active	积极参加
23	协会	xiéhuì	*n.*	association	篮球协会
24	俱乐部	jùlèbù	*n.*	club	羽毛球俱乐部
25	根据	gēnjù	*prep./n.*	according to/foundation；grounds	根据要求
26	开展	kāizhǎn	*v.*	carry out	开展工作

（续表）

序号 No.	生词 New Words	拼音 Pinyin	词性 Part of Speech	英语注释 English	补充用法 Supplementary Usage
27	阅读	yuèdú	*v.*	read	广泛阅读
28	翻译	fānyì	*v.*	interpret；translate	口头翻译
29	过程	guòchéng	*n.*	course；process	比赛的过程
30	资讯	zīxùn	*n.*	information；message	新闻资讯
31	逐渐	zhújiàn	*adv.*	little by little；gradually	逐渐熟悉
32	明确	míngquè	*adj.*/*v.*	clear-cut；explicit/pinpoint	目标明确
33	入职	rùzhí	*v.*	induct；on boarding	入职培训
34	分享	fēnxiǎng	*v.*	share	分享快乐
35	投	tóu	*v.*	deliver；cast；throw；send	投简历
36	求职	qiúzhí	*v.*	apply for a job；apply for a position	求职过程
37	单位	dānwèi	*n.*	unit；unit as an organization，department，division，section	工作单位
38	职业	zhíyè	*n.*	occupation；profession	选择职业
39	规划	guīhuà	*v.*/*n.*	plan/project；programme	人生规划
40	实践	shíjiàn	*v.*	practice	社会实践
41	获益匪浅	huòyì fěiqiǎn		reap no little benefit	你的话让我获益匪浅
42	班级	bānjí	*n.*	class and grade	班级活动
43	合影	héyǐng	*v.*	group photo	全班合影
44	留念	liúniàn	*v.*	accept as a souvenir	合影留念
45	前程似锦	qiánchéngsìjǐn		have an infinitely bright future；splendid prospects	祝你前程似锦

Duìhuà 对话 Dialogue

场景：毕业典礼。

学弟：学长，祝贺你毕业了，刚才的毕业典礼，你作为毕业生代表发言，讲得很精彩，我们很崇拜你。

学妹：是啊，你这大学四年收获很多，不但学习好，而且还参加了各种活动，演讲比赛、辩论赛都拿过奖，真是太棒了！

如礼：哪里，哪里！能有机会在毕业典礼上谈一谈自己四年来的经历和感受，我很荣幸，多谢夸奖！

学弟：我们想向你请教一下，在大学学习和生活中，哪些方面特别重要？

如礼：首先，各门功课一定要学好，扎实的专业知识、过硬的专业技能，是你在社会上立足的基础。

学妹：对，我们一定要好好学习，搞好学业。

如礼：另外，也要多参加社团活动，培养自己的兴趣爱好，锻炼自己的交际能力、组织策划能力，提高自己的情商。

学弟：嗯。听说你是社团活动积极分子，我们学校有哪些社团？参加哪个好？

如礼：学校里社团很多，有音乐协会、翻译协会、跑步协会、足球俱乐部等，可以根据自己的兴趣爱好选择参加。

学妹：听说你以前是翻译协会的会长，你们经常开展阅读和翻译活动。协会的活动对你的帮助大吗？

如礼：是的，帮助很大。我不仅提高了自己的汉语水平，还在帮各个公司翻译材料的过程中，了解了不少企业资讯，逐渐明确了求职方向。

学妹：毕业以后，学长准备去哪里工作？

如礼：我已经被东方外贸公司录用，九月份就入职。

学弟：学长能不能把找工作的经验和我们分享一下？

如礼：临近毕业时要经常注意招聘信息，多投简历。另外，在这次求职过程中，我发现用人单位比较重视实习经历。你们应该根据自己的职业规划多参加相关实习和社会实践。

学弟：学长说得有道理，我们获益匪浅。等学长拍完班级毕业照，我们再一起合影留念吧！

学妹：祝学长前程似锦！

如礼：谢谢！也祝你们学业进步！

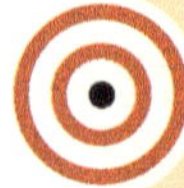

注释 Notes

1. 社团 shètuán：具有某些共同特征、爱好的人相聚而成的一种组织。大学社团是学生自愿组织的群众性团体，它组织开展各项活动，丰富学生的业余文化生活，培养学生的综合素质。
2. 单位 dānwèi：机关、团体等或属于一个机关、团体等的各个部门。如直属单位、事业单位、工作单位。

Huídá Wèntí 回答 问题 Questions about the Text

1. 学妹为什么说如礼大学四年收获很多？
2. 如礼觉得在大学学习和生活中，哪方面最重要？其次呢？
3. 他们学校有哪些社团？
4. 如礼在校期间参加过什么社团？有什么收获？
5. 如礼将去哪里工作？
6. 如礼找工作的经验是什么？

Yǔfǎ Diǎn 语法点 Grammar Focus

一、搞

做、干，口语用词。“搞”常代替各种不同的动词，随宾语的不同而有不同的意义。可带“了”“着”“过”，可重叠，可以带名词宾语。例如：

(1) 我今天一定要把这道题搞清楚。
(2) 他是搞服装设计的。
(3) 我好不容易才搞到了一张下周六晚上的足球票。

二、根据

1. 介词，后面跟名词，表示把某种事物作为结论或行动的前提。例如：

(1) 根据天气预报，今天下午有雨。
(2) 根据老师的要求，我写好了作文。

2. 名词，作为依据的事物。例如：

(3) 说话要有根据。
(4) 你这么说有没有根据？

三、明确

作为形容词时，表示“清晰明白而确定不移”。可以做定语、谓语、状语、补语。做谓语时，主语一般是意义比较抽象的名词。例如：

(1) 我们要有明确的目的。
(2) 这篇文章的观点非常明确。

作为动词时，表示“使清晰明白而确定不移”。可带名词、动词、小句做宾语。例如：

(3) 我们明确了努力的方向。
(4) 同学们明确了这一课的重点。

Cíyǔ Biànxī 词语辨析 Word Differentiation

一、祝贺、祝

“祝”，动词，表示良好的祝愿。“祝贺”，动词、名词，表示“向有喜事的人道贺”。“祝”用在动作行为或事情发生前；“祝贺”用于动作行为或事情发生之后。例如：

（1）祝你一路平安！
（2）祝你考试顺利！
（3）祝贺你演出成功！
（4）向你表示热烈的祝贺！

二、崇拜、崇敬

“崇拜”，动词，“尊敬佩服”的意思。“崇敬”，动词，“推崇尊敬”的意思。两个词都有“尊崇、佩服”的意思，但是感情色彩、程度不一样。“崇敬”侧重于对某人特别尊敬，含敬重的感情色彩，是褒义词；“崇拜”的程度比“崇敬”高，指敬佩到为之拜倒的超常程度，有时甚至达到过分、迷信的程度，是中性词。另外，搭配不一样，“崇敬”的对象一般是人；“崇拜”的对象包括人、神或某种事物。例如：

（1）那个歌手是很多年轻人崇拜的偶像。
（2）几年不见，他竟然变成了一个崇拜金钱的人。
（3）人们都很崇敬鲁迅先生。
（4）王老师不仅知识丰富，还发表过很多作品，同学们都很崇敬他。

三、逐渐、逐步

“逐步”“逐渐”都是副词，都可以做状语。不同的是，表现人为的、有意识、有步骤、有计划的变化用“逐步”，表现非人为的动作或自然而然的变化用“逐渐”。例如：

（1）妈妈的病正在逐渐好转。
（2）春天到了，天气逐渐变暖了。
（3）问题正在逐步解决。
（4）中国正在逐步走向现代化。

一、看图填空。According to the pictures, fill in the blanks with the words you have learnt in this lesson.

1. 昨晚学校举行了优秀作品颁奖________。

A. 毕业　　B. 典礼　　C. 协会

2. 每年的毕业典礼上都有学生代表________。

A. 发言　　B. 翻译　　C. 分享

3. 比赛结束后请大家到门口________。

A. 社团　　B. 留念　　C. 合影

4. 学好________知识特别重要。

A. 功课　　B. 社团　　C. 专业

5. 听了老师的讲座，我感觉________。

A. 非常荣幸　　B. 获益匪浅　　C. 前程似锦

二、选词填空。Complete the sentences with the right words.

1. ________一些兴趣爱好，会让生活变得更美好。

A. 组织　　B. 锻炼　　C. 培养

2. 你应该根据自己的职业________去参加相关的实习。

A. 规模　　B. 规划　　C. 基础

3. 那时我刚刚________，工资很低。

A. 入职　　B. 求职　　C. 职业

4. ________一名教师，她对学生的关爱比对家人还多。

A. 请教　　B. 作为　　C. 夸奖

5. 毕业前，他一共________了五十多份简历。

A. 分享　　B. 立足　　C. 投

6. 努力是成功的________。

A. 立足　　B. 基础　　C. 锻炼

7. 书本知识是重要的，但是________经验也很重要。

A. 学业　　B. 积极　　C. 实践

8. 今天我们请王明来________他入职以来的经验。

A. 分享　　B. 荣幸　　C. 代表

9. 李京总是________参加各种活动。

A. 过硬　　B. 积极　　C. 扎实

10. 在面试________中，他表现得非常自信。

A. 过程　　B. 典礼　　C. 资讯

三、近义词填空。Complete the sentences with the right synonyms.

1. 这个民族以太阳为________的对象。

A. 崇拜　　B. 崇敬

2. 人们________孙中山先生，是因为他心里装着整个中国。

A. 崇拜　　B. 崇敬

3. 你的这份工作真不错，________你！

A. 祝　　B. 祝贺

4. ________你生日快乐！

A. 祝　　B. 祝贺

5. 老板打算________扩大公司的规模。

A. 逐步　　B. 逐渐

6. 天________黑了，路灯亮起来了。

A. 逐步　　B. 逐渐

四、从两个句子中选出正确的句子。Choose the correct one from each pair of sentences below.

1. （　　）

A. 我经验了一次难忘的旅行。

B. 我不会忘记在国外生活的经历。

2. （　　）

A. 祝贺学长前程似锦！

B. 祝你学业进步！

五、用所给的词语完成句子或对话。Complete the dialogues with the words given.

1. A：这周六天气怎么样？

   B：________________，________________。（根据……，……）

2. A：老板让我们什么时候完成工作？

   B：________________，________________。（根据……，……）

3. A：为什么大家都不相信他说的话？

   B：________________________________。（根据 *n.*）

4. A：他对这件事的看法是什么？

   B：________________________________。（明确 *adj.*）

5. A：他有没有想清楚毕业以后想做什么？

   B：________________________________。（明确 *v.*）

六、英译汉。Translate the sentences below into Chinese.

1. You made an excellent speech as the representative of the graduates in the commencement ceremony just now.

   ____

2. I am very honored to have the opportunity to talk about my four years of experiences and feelings at the commencement ceremony, and thank you for your praise.

   ____

3. Solid professional knowledge and excellent professional skills are the foundation of one's living in the society.

   ____

4. I have not only improved the level of my Chinese, but also known a lot of business information, and so gradually find the direction of my career path.

   ____

Běnkè Huígù 本课 回顾 Looking Back

一、关键句填空。Complete the key sentences.

1. ________你毕业了。
2. 你作为毕业生________发言，讲得很________。
3. 能有________在毕业典礼上谈一谈自己的经历和感受，我很________。
4. ________的专业知识，过硬的专业________，是在社会上立足的基础。
5. 我不仅提高了汉语水平，还了解了不少企业资讯，逐渐________了求职方向。

二、如礼的日记。Please help Ruli finish his diary using the words given.

方向　分享　合影　经验　毕业典礼　前程似锦　荣幸　专业

7月1日　星期二

今天上午，我很________作为学生代表在________上发言。我和学弟学妹们________了自己四年来的经历、感受和一些求职________。感谢以前在翻译协会的经历，我不仅提高了汉语水平，还明确了求职________。我感觉到，在大学里学习知识和培养兴趣爱好都是很有意义的。

最后我和班级同学、老师、学弟学妹们一起________了，我非常激动。希望我们都________！

Jiāoliú Lùntán
交流论坛 Forum

1. 你们国家的毕业典礼是什么样子的？有哪些活动？

____

____

2. 如果你是毕业生代表，你在发言时会说哪些内容？

____

____

3. 你觉得在大学里应该做哪些重要的事情，为什么？

____

____

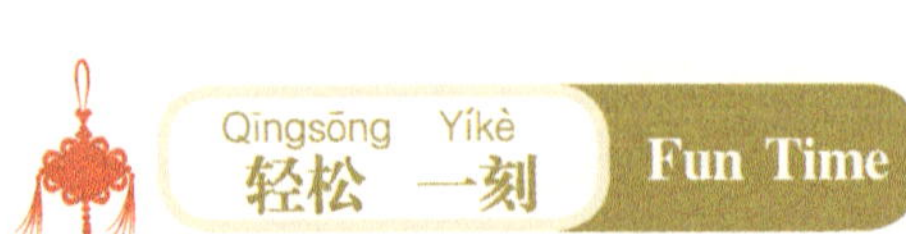

毕业典礼上，校长宣布全年级第一名的同学上台领奖，可是连续叫了好几次之后，那位学生才慢慢地走上台。

后来，老师问那位学生："怎么了？是不是生病了？还是刚才没听清楚？"
学生回答："不是的，我是怕其他同学没听清楚。"

Bǔchōng Shēngcí 补充 生词 Supplementary Words

1. 宣布 xuānbù *v.* announce; declare
2. 领奖 lǐngjiǎng *v.* accept the prize
3. 连续 liánxù *adj.* continuous

Tuòzhǎn Yuèdú 拓展 阅读 Extensive Reading

八大菜系

中国是文明古国，饮食文化历史悠久。最早，人们将中国的饮食文化分为四大菜系：川菜、鲁菜、苏菜、粤菜。这四大菜系都有各自的特点，根据地域、历史、气候和物产的差别形成了各自的风味。后来四大菜系逐渐分化形成八大菜系，另外四个菜系为湘菜、浙菜、闽菜、徽菜。八大菜系中最有历史影响力的是鲁菜，而传播最广、最受大家欢迎的则是川菜。

八大菜系各有各的特点。川菜的特点是麻辣入味、油重，在烹饪的过程中多用辣椒调制口味，代表菜有回锅肉、麻婆豆腐等。山东地区物产丰富，食材新鲜，所以做的菜肴都很讲究，不能破坏食材的鲜味。鲁菜的传统名菜很多，有糖醋鲤鱼、葱烧海参等。苏菜的做法和选材也很讲究，特别是刀工，极为精细，代表菜有盐水鸭、狮子头等。粤菜的选材极其精细，口味多清淡，代表菜有白斩鸡、烧鹅等。湘菜讲究的是香辣和酸辣，做法主要以煨、炖、腊、蒸、炒为主，口味多变，最出名的代表菜是剁椒鱼头。浙菜主要以杭州、宁波、温州和绍兴四个地区的风味为主。杭州的杭帮菜最为出名，讲究刀工，口味清鲜，代表菜有西湖醋鱼、东坡肉等。闽菜口味清鲜、淡爽，讲究调汤，汤菜的品种较多，最具代表性的是佛跳墙。徽菜擅长烤、炖，讲究火功，其特点是芡大油重，代表菜有毛豆腐、红烧臭鳜鱼等。

你吃过中国哪些地方的菜？那里的菜有什么特点呢？

Dì sì kè　Qǐ yè dài yù
第四课　企业待遇

nǐ men gōng sī de fú lì zhēn bú cuò
——你们公司的福利真不错

Lesson 4　Pay and benefits — Great benefits in your company

Běnkè Dǎoháng
本课　导航
Lesson Navigation

课文学习：

1. 企业待遇、工作环境
2. 个人发展

语法学习：

1. 好在、除了……还……、否则、有利于
2. 舒适/舒服、随意/随便、领域/区域

拓展阅读：寓言故事——拔苗助长

1. 你们的工作环境怎么样？
2. 同事之间相处很融洽，整体气氛很和谐。
3. 新员工有入职培训，每年还会提供专业培训的机会。
4. 我们目前企业的福利待遇和今后的发展前景都不错。
5. 我们要快速融入企业，努力工作，实现职业目标。

Shēngcí 生词 New Words

序号 No.	生词 New Words	拼音 Pinyin	词性 Part of Speech	英语注释 English	补充用法 Supplementary Usage
1	收入	shōurù	*n.*	income	收入水平
2	宽敞	kuānchǎng	*adj.*	spacious; commodious	宽敞明亮
3	舒适	shūshì	*adj.*	comfort; cozy	环境舒适
4	茶水间	cháshuǐ jiān	*n.*	pantry room; tea room	公司的茶水间
5	随意	suíyì	*adj.*	at will	请随意使用
6	享用	xiǎngyòng	*v.*	enjoy the use of	享用美食
7	狂人	kuángrén	*n.*	madman; maniac	运动狂人
8	人性化	rénxìnghuà	*v./adj.*	humanize/humanized	人性化设计
9	融洽	róngqià	*adj.*	harmonious	气氛融洽
10	气氛	qìfēn	*n.*	atmosphere	欢乐的气氛
11	和谐	héxié	*adj.*	harmonious	和谐社会
12	指导	zhǐdǎo	*v.*	direct; guide	指导论文
13	表格	biǎogé	*n.*	form; table; sheet	填写表格
14	写字楼	xiězìlóu	*n.*	office building	在写字楼上班
15	补贴	bǔtiē	*n.*	subsidy; allowance	交通补贴
16	否则	fǒuzé	*adv.*	otherwise; or else; if not	否则的话
17	开销	kāixiāo	*v./n.*	spend; pay expenses/ spending; expenditure	日常开销
18	福利	fúlì	*n.*	welfare; well-being	员工福利
19	出差	chūchāi	*v.*	be on a business trip	出差去北京
20	省钱	shěngqián	*v.*	save money	很省钱
21	待遇	dàiyù	*n.*	treatment	待遇优厚
22	发展	fāzhǎn	*v.*	blossom; develop	发展前景
23	培训	péixùn	*v.*	train; cultivate	入职培训
24	领域	lǐngyù	*n.*	domain; field	研究的领域
25	更新	gēngxīn	*v.*	update	更新知识
26	充电	chōngdiàn	*v.*	recharge; charge	充电器
27	落后	luòhòu	*v./adj.*	backward; fall behind; lag behind	落后分子
28	业务	yèwù	*n.*	business; professional work	业务能力

（续表）

序号 No.	生词 New Words	拼音 Pinyin	词性 Part of Speech	英语注释 English	补充用法 Supplementary Usage
29	提升	tíshēng	*v.*	promote; lift; elevate	提升个人素质
30	升职	shēngzhí	*v.*	promote; to raise in rank or position	升职机会
31	加薪	jiāxīn	*v.*	offer a pay rise; raise the pay	加薪幅度
32	达到	dádào	*v.*	reach; attain; achieve	达到要求
33	程度	chéngdù	*n.*	degree; level; extent	不同程度
34	融入	róngrù	*v.*	blend in; integrate; infuse	融入集体
35	实现	shíxiàn	*v.*	realize; come true	实现梦想
36	目标	mùbiāo	*n.*	target; goal	目标远大

场景：两个新入职的朋友正在聊各自的公司。

瑞恩：如礼，你上班有一个多月了吧？现在工作怎么样啊？

如礼：挺好的，公司离家不远，收入也还不错。

瑞恩：你们的工作环境怎么样？

如礼：工作环境挺好的，办公室宽敞、舒适。公司给员工准备的茶水间里，有咖啡机以及各种小吃、零食，员工们可以随意享用。

瑞恩：你这个“咖啡狂人”是不是最爱这一点呀？我们公司也给员工准备了咖啡机，我觉得这非常人性化，可以让人在工作之余放松一下。

如礼：我们公司同事之间相处得也很融洽，整体气氛很和谐。我刚到公司时，同事们都很热情地帮助我，指导我完成了各种表格的填写。

瑞恩：你可得好好谢谢你们同事。填写表格对外国人来说太麻烦了。

如礼：对了，你现在午餐怎么解决的呢？

瑞恩：我们公司有食堂呀，又卫生又便宜，我就在那儿吃。你呢？

如礼：我就在写字楼附近的餐厅吃，一顿饭可不便宜，好在公司提供午餐补贴，否则开销就太大了。

瑞恩：你们公司福利真不错！除了午餐补贴外，还有其他补贴吗？

如礼：平时还有交通补贴，如果出差，会有出差补贴。

瑞恩：出差补贴我们也有，但是没有交通补贴，我现在上下班都不打车了，坐地铁，省钱。福利还是你们单位好。

如礼：我觉得看一个企业好不好，不光看福利待遇，更重要的是看有没有给员工发展的机会。

瑞恩：嗯，有道理。这方面我们公司还是不错的，新员工有入职培训，每年还会给员工提供专业培训

的机会。

如礼：是啊，现在很多领域的知识更新很快，不给自己充电就要落后了。我打算报名公司下一期的业务培训班，学习一些业务知识，提升个人能力，这样有利于今后的发展。

瑞恩：跟我的想法一样呢，我们一起努力！你们公司升职机会多吗？

如礼：还可以。一般每年都会进行业绩考核，业绩完成的话每年都能加薪，能力、业绩达到一定程度后还可以升职。

瑞恩：目前看起来我们企业的福利待遇和今后的发展前景都不错。

如礼：是啊！我们要快速融入企业，努力工作，实现职业目标。

注释 Notes

1. 竞争 jìngzhēng：与"合作"是一对反义词。"竞争对手"与"合作伙伴"相对。
2. 融洽 róngqià：通常指感情关系好，没有抵触。如：关系融洽、融洽无间。
3. 和谐 héxié：形容配合得适当，通常指气氛，如：和谐社会、音调和谐、和谐的气氛。
4. 福利 fúlì：生活上的利益，特指对职工生活（食、宿、医疗等）的照顾，是员工的间接报酬。一般包括健康保险、带薪假期、过节礼物或退休金等形式。

Huídá Wèntí 回答 问题 Questions about the Text

1. 如礼他们公司的工作环境怎么样？
2. 瑞恩认为公司的什么非常人性化？
3. 瑞恩为什么说"你可得好好谢谢你们同事"？
4. 如礼怎么解决午餐？瑞恩又是怎样解决午餐的？
5. 如礼的公司有哪些补贴？
6. 如礼认为应该怎么判断一个企业好不好？
7. 瑞恩的公司员工发展的机会怎么样？
8. 在如礼的公司，怎样才能升职？

Yǔfǎ Diǎn 语法 点 Grammar Focus

一、好在

副词，后面出现的是一种有利的条件或情况，使前面已经出现的不利情况得以避免。例如：

(1) 今天下班时突然下起了大雨，好在我带了雨伞。
(2) 他昨天把钱包弄丢了，好在里边钱不多。
(3) 这次考试特别难，好在我复习得很好。

二、除了……还……

前后分句表示并列关系，表示排除已经知道的，添加或补充其他的。例如：

(1) 除了公司的职员外，还可以邀请我们的客户。
(2) 旅游除了可以增广见闻以外，还可以放松心情，真是一举两得。
(3) 除了集体参观展览，还可以一起旅游。

三、……，否则……

意思是“如果不是这样”，用在后一小句的开头。表示假设关系：后一分句指出从前一分句推论得到的结果，或提供另一种选择。

(1) 我们要早点开始，否则会完不成任务的。
(2) 最好下午去，否则就明天一早去。
(3) 他一定非常努力，否则怎么会进步这么快。

四、有利于

意思是“对……有好处，能起到帮助和促进作用”。例如：

(1) 多吃水果有利于健康。
(2) 培养一定的兴趣爱好有利于孩子的成长。
(3) 多听多说有利于提高学生的汉语水平。

Cíyǔ Biànxī 词语辨析 Word Differentiation

一、舒适/舒服

“舒适”，形容词，指“能给人以安乐舒服的感觉”。例如：环境舒适、生活舒适。“舒服”，形容词，①身体或精神上感到轻松愉快。如：睡得很舒服。②能使身体或精神上感到轻松愉快。如：沙发很舒服。

“舒适”主要形容客观生活环境或东西给人的感觉好，侧重于东西给人的整体感觉。“舒服”则表示身体状况好，感觉好。“舒服”还有对人对事满意的意思，“舒适”则没有这个意思。例如：

(1) 爷爷退休了，在家里过着舒适的生活。
(2) 在这样舒适的环境里，更要把握时间好好学习。
(3) 她今天身体不太舒服。
(4) 我不喜欢这个演员，一看到他就感到不舒服。

二、随意/随便

“随意”“随便”的共同之处是：在作动词时，都有“任由自己的心意活动”的意思；作形容词时，都有“不

受拘束、不受限制”的意思。不同之处是："随便"还有指人自由散漫的意思，含贬义。“随便”可以带宾语，“随意”不能。比如，随便你自己吧。“随便”可以重叠，“随意”不能。比如，做事不能随随便便的。“随便”还可以作连词，有“无论”的意思，“随意”没有这个意思。例如：

(1) 你随意(随便)坐，别客气。
(2) 参加音乐会，穿着不能太随意(随便)。
(3) 小王平时太随便了，想来就来，想走就走。
(4) 随便什么电影，他都喜欢看。

三、领域/区域

“领域”，具体指一种特定的范围或区域，常指学术思想或社会活动的范围。“区域”，指地区范围。二者的区别在于，“领域”常常是思想和社会活动方面的，“区域”是地理空间方面的。例如：

(1) 在科学研究领域，还存在很多需要解决的难题。
(2) 现在计算机已经广泛应用到各个领域。
(3) 在野外，尽量不要走进那些危险区域。
(4) 他长期居住在这个区域。

一、看图填空。According to the pictures, fill in the blanks with the words you have learnt in this lesson.

1. 你的家看起来很________，沙发很________。

A. 宽敞　舒适　　　B. 干净　高兴　　　C. 宽大　舒服

2. 她们俩是多年的好朋友，关系一直很________。

A. 舒适　　　B. 融洽　　　C. 和谐

3. 下个月我们公司要对新员工进行________。

A. 上班　　　B. 工作　　　C. 培训

4. 这家公司工作环境不错，你别错过这次招聘________了。

A. 开会　　　B. 时候　　　C. 机会

5. 感谢经理对我工作的________。

A. 指导　　　B. 补贴　　　C. 人性化

二、选词填空。Complete the sentences with the right words.

A　更新　提升　升职　充电　融入

1. 听说他要________当经理了。
2. 这次培训使我的能力得到了________。
3. 不管你做什么工作，都不要忘记给自己________。
4. 此时此刻，我真想________这美景，与鸟儿一起歌唱。
5. 现在电子产品________得很快，我每年都要换一个手机。

B　收入　待遇　补贴　开销　目标

6. 出国旅行是一笔很大的________。
7. 我们公司的交通________是和工资一起发放的。
8. 妹妹想当医生，她正在为实现________而努力。
9. 每个月的工资是我的主要________。
10. 这个公司的福利________很不错。

三、近义词填空。Complete the sentences with the right synonyms.

1. 这个小区远离市区，环境很________。

A. 舒服　　　B. 舒适

2. 他喝了一杯冰水，肚子有点儿不________。
   A. 舒服　　　　B. 舒适
3. 在自然科学________，数学是最重要的基础。
   A. 领域　　　　B. 区域
4. 他负责这个________的销售工作。
   A. 领域　　　　B. 区域
5. 这里有酒有菜，请各位________。
   A. 随意　　　　B. 随便
6. ________什么书，他都想翻一翻。
   A. 随意　　　　B. 随便

四、从两个句子中选出正确的句子。Choose the correct one from each pair of sentences below.

1. (　　)
   A. 努力工作实现升职机会。
   B. 我们公司升职机会很多。
2. (　　)
   A. 公司的气氛很宽敞。
   B. 同事间的关系很融洽。

五、用所给的词语完成句子或对话。Complete the dialogues with the words given.

1. A：你早上起晚了，今天上班你迟到了吗？
   B：________________________________。(好在)
2. 妹妹不小心掉进了水里，________________________________。(好在)
3. 妈妈每天很忙，________________________________。(除了……还……)
4. 他爱好很多运动，________________________________。(除了……还……)
5. 这家公司规模很大，________________________________。(除了……还……)
6. 企业为了感谢消费者，________________________________。(除了……还……)
7. 你必须在八点半前进教室，________________________________。(否则)
8. 妈妈要求他晚饭以前做完作业，________________________________。(否则)
9. A：妈妈，我不想吃蔬菜。
   B：________________________________。(有利于)
10. A：看中文的电视节目有什么好处？
    B：________________________________。(有利于)

六、英译汉。Translate the sentences below into Chinese.

1. After this training, my ability has been improved to some degree.

____

2. We all like to work in a harmonious atmosphere.

____

3. My company is near home and the income is also good.

____

4. We must work hard to achieve our career goals.

____

5. I hope the company will give us a raise every year.

____

一、关键句填空。Complete the key sentences.

1. 你们的工作________怎么样？
2. 同事之间相处很________，整体________很和谐。
3. 新员工有入职________，每年还会________专业培训的机会。
4. 目前我们企业的________待遇和今后的发展________都不错。
5. 我们要快速________企业，努力工作，实现________目标。

二、如礼的日记。Please help Ruli finish his diary using the words given.

一定　融洽　待遇　实现　前景　升职　培训

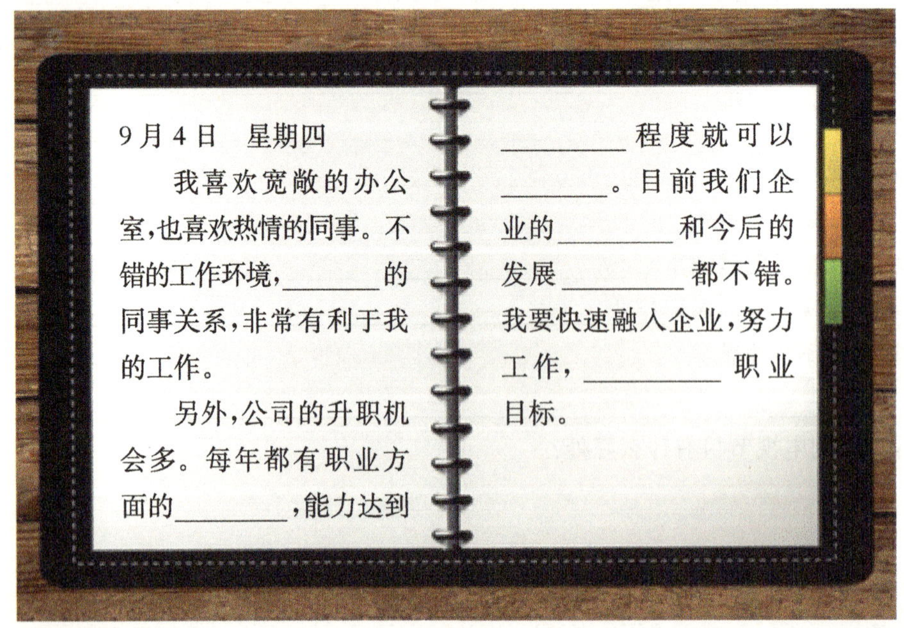

Jiāoliú Lùntán 交流 论坛 Forum

1. 说说你们公司的工作环境是什么样的，同事之间的关系如何。

____

____

____

2. 你们公司多长时间组织（zǔzhī，organize）一次培训？升职的机会多不多？你喜欢现在的公司吗？

____

____

____

Qīngsōng Yíkè 轻松 一刻 Fun Time

每人一碗炸酱面

公司要求员工周六加班，说中午总经理请客。中午总经理带我们来到一家不错的饭店，饭店老板一看商机来了，赶紧给我们安排了一个大包间，并热情地给我们介绍菜单。结果总经理坐下后说："老板，请给我们每人一碗炸酱面！"我们瞅见了老板尴尬的笑容。

Bǔchōng Shēngcí 补充 生词 Supplementary Words

1. 炸酱面 zhájiàngmiàn	*n.*	noodles with soybean paste
2. 加班 jiābān	*v.*	work overtime
3. 请客 qǐngkè	*v.*	invite sb. to dinner
4. 商机 shāngjī	*n.*	business opportunity
5. 安排 ānpái	*v.*	to arrange
6. 包间 bāojiān	*n.*	private room
7. 瞅见 chǒujiàn	*v.*	to have a glance
8. 尴尬 gāngà	*v.*	embarrassed

Tuòzhǎn Yuèdú 拓展阅读 Extensive Reading

寓言故事——拔苗助长

古时候，有个人希望自己田里的禾苗长得快一点，天天到田边去看。可是，一天、两天、三天，禾苗好像一点也没有长高。他就在田边焦急地转来转去，自言自语地说："我得想个办法帮他们长。"一天，他终于想到了办法，就急忙跑到田里，把禾苗一棵一棵向上拔。从中午一直忙到太阳落山，弄得筋疲力尽。当他回到家里时，一边喘气，一边对儿子说："今天可把我累坏了，但力气没白费，禾苗都长了一大截。"他的儿子不明白是怎么回事，跑到田里一看，发现禾苗都枯死了。

有人违反自然规律去做事，虽然他想把事情做好，但是结果却只能是相反的，我们就可以说他是"拔苗助长"。

中国有很多这样的富含寓意的成语故事，比如"井底之蛙""滥竽充数"等，非常有趣，并且富有哲理，请你找来读一下吧！

Dì wǔ kè　Xiāo shòu bù zhí zé
第五课　销售部职责

jīn hòu wǒ men jiāng kāi tuò xīn de xiāo shòu qú dào
——今后我们将开拓新的销售渠道

Lesson 5　Responsibilities of the sales department
— We will develop new sales channels in the future

Běnkè Dǎoháng
本课　导航
Lesson Navigation

课文学习：

1. 销售部主要职责
2. 电子商务

语法学习：

1. 确定、……率、对于、从而
2. 职责/责任、策略/方法、限制/限定

拓展阅读：民间故事——牛郎织女

Guānjiàn Jù 关键句 Key Sentences

1. 我们今年的销售目标是销售额突破 1 个亿。
2. 为了提高市场竞争力，不应该只局限于高端产品定位。

3. 今后我们将开拓新的销售渠道，特别是电子商务渠道。
4. 电子商务使人们不受时间、空间的限制，随时随地可以在网上交易。
5. 我们要选择合适的网络交易平台、可靠的物流公司和安全的支付系统。

Shēngcí 生词 New Words

序号 No.	生词 New Words	拼音 Pinyin	词性 Part of Speech	英语注释 English	补充用法 Supplementary Usage
1	集思广益	jísīguǎngyì	*v.*	draw on the wisdom of the masses	大家集思广益
2	出谋划策	chūmóuhuàcè	*v.*	give counsel; give advice and suggestions	给他出谋划策
3	职责	zhízé	*n.*	duty; responsibility	履行职责
4	确定	quèdìng	*v.*	determine; confirm; ensure	确定日期
5	制定	zhìdìng	*v.*	formulate; draft	制定计划
6	策略	cèlüè	*n.*	strategy	销售策略
7	实施	shíshī	*v.*	implement; carry out	实施计划
8	销售额	xiāoshòu'é	*n.*	amount of sales; sales volume	年度销售额
9	突破	tūpò	*v.*	break through	突破纪录
10	净利润	jìnglìrùn	*n.*	retained profits; net margin	提高净利润率
11	占有率	zhànyǒulǜ	*n.*	occupancy	市场占有率
12	产品	chǎnpǐn	*n.*	product	合格的产品
13	高端	gāoduān	*adj.*	high-end	高端的产品
14	局限	júxiàn	*v./n.*	limit/limitation	局限于
15	定位	dìngwèi	*v./n.*	locate/location; orientation	个人定位
16	消费者	xiāofèizhě	*n.*	consumer; customer	消费者的利益
17	份额	fèn'é	*n.*	share; portion	市场份额
18	牺牲	xīshēng	*v./n.*	sacrifice/a beast slaughtered for sacrifice	牺牲个人时间
19	利润	lìrùn	*n.*	profit	获得利润
20	薄利多销	bólìduōxiāo		make small profits but quick turnover	薄利多销策略
21	渠道	qúdào	*n.*	channel	销售渠道
22	线下	xiànxià	*adj.*	offline; below the line	线下商店

（续表）

序号 No.	生词 New Words	拼音 Pinyin	词性 Part of Speech	英语注释 English	补充用法 Supplementary Usage
23	实体店	shítǐ diàn	*n.*	entity shop; physical store	线下实体店
24	开拓	kāituò	*v.*	open up	开拓市场
25	电子商务	diànzǐ shāngwù	*n.*	e-commerce	发达的电子商务
26	空间	kōngjiān	*n.*	space	私人空间
27	限制	xiànzhì	*v./n.*	limit/restriction	时间限制
28	随时随地	suíshísuídì	*adv.*	any time any where	随时随地都可以网购
29	交易	jiāoyì	*v./n.*	trade; deal; transact/transaction	网上交易
30	流通	liútōng	*v.*	circulate	商品流通
31	环节	huánjié	*n.*	link; step	流通环节
32	开支	kāizhī	*n.*	expenditure	日常开支
33	成本	chéngběn	*n.*	cost	生产成本
34	网站	wǎngzhàn	*n.*	website; network station	知名网站
35	引擎	yǐnqíng	*n.*	engine	搜索引擎
36	推广	tuīguǎng	*v.*	generalize; popularize; promote	市场推广
37	平台	píngtái	*n.*	platform	交易平台
38	可靠	kěkào	*adj.*	reliable	可靠的人
39	物流	wùliú	*n.*	logistics; physical distribution	物流速度
40	系统	xìtǒng	*n.*	system	计算机系统

Duìhuà 对话 Dialogue

场景：销售部内部交流会。

李经理：如礼、张丽，欢迎你们加入销售部。上午总经理给大家介绍了公司的历史、文化和主要业务。你们有什么收获？

如　礼：今天的活动让我们对公司以及销售部的业务有了一些了解。

张　丽：也让我们对公司的前景充满了信心。

李经理：那接下来咱们销售部内部交流一下。希望大家集思广益，为我们将来的发展出谋划策。我先问一个问题，如礼，你知道销售部的主要职责是什么吗？

如　礼：销售部的主要职责首先是掌握市场情况，然后还要确定销售目标、制定营销策略，最重要的是要实施营销计划。

李经理：没错儿。我们今年的销售目标是销售额突破 1 个亿，净利润实现 1 000 万，市场占有率达到 10%。

张　丽：我们一定会努力完成任务。我们的产品主要面对高端客户，定价也较高。我觉得为了提高市场竞争力，不应该只局限于高端产品定位，也要面向人数众多的中低端消费者，推出中低价位的产品，这样可以占有更多的市场份额。

如　礼：对。但是在降低价格的同时，也不能牺牲产品质量。

马　克：是的，一定要保证质量。我们可以让出部分利润，薄利多销，如果销售量上去了，最终我们也还是可以获得很多利润的。

李经理：有道理。接下来我们来讨论一下销售渠道。目前我们已有的产品销售渠道主要是线下的实体店，今后我们将开拓新的销售渠道，特别是电子商务渠道。对于电子商务，大家有什么看法?

如　礼：电子商务使人们不受时间、空间的限制，随时随地可以在网上交易，非常方便。

马　克：没错儿。不仅如此，电子商务还使商家可以面向全球的消费者，使商品流通更快、价格更低。

张　丽：是的。因为电子商务减少了商品流通的中间环节，节省了开支，从而降低了商品流通和交易的成本。

如　礼：对。电子商务更符合时代的要求，有广阔的市场。我们可以建立自己的外贸网站，还可以进行搜索引擎推广。

马　克：开展电子商务一定要选择合适的网络交易平台、可靠的物流公司、安全的支付系统，还要提供良好的网络售后服务。

李经理：大家都说得非常好。下一步我们的主要工作就是努力开拓网上销售业务，我们就从建立自己的外贸网站开始，大家一起努力吧！

注释 Notes

1. 营销策略 yíngxiāo cèlüè：是指企业根据自身内部条件和外部竞争状况所确定的关于选择和占领目标市场的策略。企业制定市场营销策略，目的在于充分发挥企业优势，增强竞争能力，更好地适应营销环境变化，以较少的营销投入获取最大的经济效果。
2. 市场份额 shìchǎng fèn'é：亦称“市场占有率”。指某一产品的销售量在市场同类产品中所占的比重。通常市场份额越高，产品的竞争力越强。
3. 薄利多销 bólìduōxiāo：薄利多销是指以低价低利扩大销售的策略。“薄利”就是降价，降价就能“多销”，“多销”就能增加总收益。

Huídá Wèntí 回答问题 Questions about the Text

1. 通过总经理的介绍，如礼和张丽有什么收获?

2. 销售部的主要职责是什么？
3. 他们今年的销售目标是什么？
4. 张丽觉得应该采取什么样的销售策略？
5. 如何在降低价格的同时保证质量？
6. 他们以前的销售渠道是什么？现在有什么新的打算？
7. 电子商务渠道的优点有哪些？
8. 开展电子商务需要注意哪些方面？

Yǔfǎ Diǎn 语法点 Grammar Focus

一、确定

1. 动词，表示“明确地定下来”的意思，后边的宾语既可以是具体的，也可以是抽象的。例如：

(1) 请你尽快确定你们班参加比赛的人数。
(2) 如果你确定了出发时间，请你提前告诉我。

2. 形容词，表示“明确而肯定”的意思。例如：

(3) 关于这个问题，我无法给你确定的答案。
(4) 不确定的事情先不要说。

二、……率

名词，表示两个相关的数在一定条件下的比值。前面一般可以加名词、动词、形容词。例如：汇率、效率、心率、税率、利用率。

(1) 瑞典的垃圾回收利用率高达99%。
(2) 读懂招聘要求，求职成功率可以提升一大半。
(3) 现在天气预报的准确率越来越高。

三、对于

表示人、事物、行为之间的对待关系。多跟名词组合，也可跟动词、小句组合。除用在主语后，还可以用在主语前，不过语气上要有停顿。

1. “对于”后面的名词指动作的受动者。例如：

(1) 我们对于好人好事要及时表扬。
(2) 对于这个问题，我还没有搞清楚。

2. “对于”后面的名词表示涉及的事物。例如：

(3) 对于这个问题，我有不同的意见。
(4) 他对于工作一向非常认真。

四、从而

用在复句中的后一小句，表示结果或进一步的行动。用于书面语。例如：

(1) 请告诉我们原因，从而让我们以后可以做得更好。
(2) 农业迅速发展，从而为工业的发展提供了基础。
(3) 学校开展了各种各样的课外活动，从而扩大了同学们的知识面。

Cíyǔ Biànxī 词语 辨析 Word Differentiation

一、职责/责任

“职责”“责任”都是名词。“职责”的意思是“职务和责任”，强调与工作、职务有关的责任。而“责任”的意思是“分内应做的事”。

二者的区别在于两个词的对象不同。“责任”是每个人身上都有的，如学习、工作、家庭、父母、国家等方面的责任；而“职责”所针对的是就职人员，要求其履行自己岗位上应尽的责任，是对自己的岗位负责。例如：

(1) 财务部的职责是管理公司财务。
(2) 保障社会安全是警察的职责。
(3) 他现在的责任是学好汉语。
(4) 父母是孩子的第一位老师，教育孩子是父母的责任。

二、策略/方法

“策略”“方法”都是名词，意思有所不同。“策略”是“不同的条件下，为达到不同的结果所采用的方式、方法的总和”。方法是“为了完成一定的目的和任务，所采用的具体方式、手段”。例如：

(1) 杰出的策略必须加上杰出的执行才能成功。
(2) 进行推销时，如果不讲策略，不讲方式和方法，那很难成功。
(3) 你记生词有什么好方法？
(4) 电子词典的使用方法很简单。

三、限制/限定

“限制”，作动词时，是“规定范围，不许超过”的意思，侧重表示用外力强制；作名词时，表示“规定的范围”。限定，只是动词，表示“在数量、范围等方面加以规定”，侧重对数量范围的具体规定。例如：

(1) 我们不能随意限制他人的人身自由。
(2) 中国的大学入学考试已经取消了年龄限制。
(3) 每个人的发言时间限定在15分钟以内。
(4) 这次拔河比赛，限定每班男女生各十名参加。

一、看图填空。According to the pictures, fill in the blanks with the words you have learnt in this lesson.

1. 销售部需要________电子商务渠道。

A. 开始　　　　B. 开拓　　　　C. 发展

2. 电子商务降低了商品________的成本。

A. 交易　　　　B. 交换　　　　C. 销售

3. 我们要选择安全的支付________。

A. 环节　　　　B. 网络　　　　C. 系统

4. 我们公司的产品将采用打折________的方式来吸引消费者。

A. 份额　　　　B. 促销　　　　C. 定位

二、选词填空。Complete the sentences with the right words.

1. 希望每位员工都能为我们公司的发展________。
   A. 集思广益　　B. 出谋划策　　C. 随时随地
2. 一月份，该产品的市场________已达到21.3%。
   A. 销售额　　B. 占有率　　C. 净利润
3. 最近，线上电商平台纷纷设立了________实体店。
   A. 利润　　B. 可靠　　C. 线下
4. 采用低价策略并不是要________产品质量。
   A. 牺牲　　B. 推广　　C. 交易
5. ________计划应该从调查和研究开始。
   A. 定位　　B. 物流　　C. 制定
6. 为了抢占市场________，许多公司开始降低产品价格。
   A. 份额　　B. 净利润　　C. 销售额
7. 我们公司决定________西部市场。
   A. 推广　　B. 开拓　　C. 局限
8. 当代女性感兴趣的事越来越多，她们不再________于家务。
   A. 实施　　B. 流通　　C. 局限

三、近义词填空。Complete the sentences with the right synonyms.

1. 销售部的培训主要是介绍部门________。
   A. 责任　　B. 职责
2. 做错事情后，要主动承担________。
   A. 责任　　B. 职责
3. 你做题的________不对，当然不可能有正确的答案。
   A. 策略　　B. 方法
4. 除了商品质量和销售价格，企业的营销________也很重要。
   A. 策略　　B. 方法
5. 每个小组必须在________的时间里完成任务。
   A. 限制　　B. 限定
6. 汽车在市内行驶要________速度。
   A. 限制　　B. 限定

四、从两个句子中选出正确的句子。Choose the correct one from each pair of sentences below.

1. （　）
   A. 电子商务减少了商品流通的环节，从而降低了交易成本。
   B. 电子商务减少了商品流通的环节，然而降低了交易成本。

2. (　　)

A. 要选择合适的网络交易平台和安全的开支系统。

B. 要选择合适的网络交易平台和安全的支付系统。

五、用所给的词语完成句子或对话。Complete the dialogues with the words given.

1. A：你们到底什么时候能够发货？

   B：________________________________。(确定)

2. A：你什么时候去北京？

   B：________________________________。(确定)

3. 学校开展了多种多样的课外活动，________________________________。(从而)
4. 公司采用了薄利多销的方法，________________________________。(从而)
5. A：他的工作态度怎么样？

   B：____________________________。(对于)

6. ____________________________，大家还有什么意见？(对于)

六、英译汉。Translate the sentences below into Chinese.

1. The main duty of the sales department is to determine the sales target, to make sales strategies and so on.

   ____

2. Currently, the main duty is to create e-commerce channels.

   ____

3. E-commerce makes people free from time and space constraints and make online transactions anytime and anywhere.

   ____

4. We have to choose the right network trading platform, reliable logistics company, and safe payment system.

   ____

Běnkè Huígù 本课 回顾 Looking Back

一、关键句填空。Complete the key sentences.

1. 我们今年的销售________是销售额突破1个亿。
2. 为了提高市场竞争力，不应该只________于高端产品定位。
3. 今后我们将开拓新的销售________，特别是电子商务渠道。
4. 电子商务使人们不受时间、空间的________，随时随地可以在网上________。
5. 我们要选择合适的网络交易________、可靠的物流公司、安全的支付________。

二、如礼的日记。Please help Ruli finish his diary using the words given.

电子商务　符合　开拓　培训　平台　支付　职责

8月10日　星期五

今天销售部经理给我们新职员做了________。我明白了销售部的主要________——确定销售目标、制定销售策略和________销售渠道。现在最重要的是开拓________渠道。因为这种方式能减少商品流通环节，降低交易成本，更________时代要求。

我们要努力开拓网上销售业务，选择合适的交易________、可靠的物流公司和安全的________系统。

Jiāoliú Lùntán 交流论坛 Forum

1. 你认为要做好销售工作，需要了解哪些情况？

____

____

____

2. 为了产品卖得更好，除了销售以外，对生产、服务等方面还有什么要求？

____

____

____

____

3. 如果你要推广新产品，你会用哪些方法？为什么？

____

____

____

____

Qīngsōng Yíkè 轻松 一刻 Fun Time

聪明的服务员

顾客:“对不起,这顿餐费我付不了了,因为我忘记带钱了。”

服务员:“没关系,先生,请把您的名字和联系方式写在墙上,您下次来的时候再付好了。”

顾客:“这可不行,别人会看见我的名字的。”

服务员:“把您的大衣脱下来挂到墙上,不就可以遮住了吗?”

Bǔchōng Shēngcí 补充 生词 Supplementary Words

遮住 zhēzhù *v.* blot out

Tuòzhǎn Yuèdú 拓展 阅读 Extensive Reading

民间故事——牛郎织女

牛郎织女,是中国古代著名的民间爱情故事。传说古代天帝的孙女织女擅长织布,每天给天空织彩霞。她讨厌这枯燥的生活,就偷偷下到凡间,私自嫁给了河西的牛郎,过上了男耕女织的生活。这件事惹怒了天帝,他把织女捉回天宫,责令他们分离,只允许他们每年的七月初七在鹊桥上相会一次。他们坚贞的爱情感动了喜鹊,无数只喜鹊飞来,用身体搭成一道跨越天河的彩桥,让牛郎织女在天河上相会。

牛郎织女一年一度在“鹊桥”上相会的日子,即每年的农历七月初七,就成了中国的一个传统节日,俗称“七夕”。这个古老而动人的爱情故事,世代流传。这一天还被现代人誉为中国“情人节”。

中国有很多这样的民间爱情故事,如“梁山伯与祝英台”“孟姜女哭长城”“白蛇传”等,非常有趣,而且感人,快找来看看吧!

Dì liù kè　Kàn yǎn chū——qǐng kè hù qù kàn jīng jù ba
第六课　看演出——请客户去看京剧吧

Lesson 6　Go to a show
— Let's take the client to see Peking Opera

Běnkè Dǎoháng
本课　导航
Lesson Navigation

课文学习：

1. 看演出
2. 京剧是中国的国粹

语法学习：

1. 谈不上、准、多亏
2. 演出/上演、理解/了解

拓展阅读：历史故事——三顾茅庐

Guānjiàn Jù
关键 句　**Key Sentences**

1. 京剧是中国的国粹。
2. 京剧的唱腔和动作都很有意思。
3. 因为语言不通，谈不上很喜欢。
4. 京剧可以用各种脸谱来表现人物的社会地位和性格特点。
5. 各国虽有不同的传统文化，但艺术是相通的。
6. 这次多亏你帮了我。

Shēngcí 生词 New Words

序号 No.	生词 New Words	拼音 Pinyin	词性 Part of Speech	英语注释 English	补充用法 Supplementary Usage
1	演出	yǎnchū	*v.*/*n.*	perform/performance; show	精彩的演出
2	京剧	jīngjù	*n.*	Peking Opera	京剧剧团
3	话剧	huàjù	*n.*	drama; straight play	话剧演员
4	演唱会	yǎnchànghuì	*n.*	concert	歌星的演唱会
5	签订	qiāndìng	*v.*	conclude and sign	签订合同
6	合同	hétong	*n.*	contract; pact; compact	销售合同
7	顺便	shùnbiàn	*adv.*	by the way; in passing	顺便看看
8	国粹	guócuì	*n.*	the quintessence of a country	四大国粹
9	唱腔	chàngqiāng	*n.*	singing tune	唱腔优美
10	动作	dòngzuò	*n.*	action; motion	动作协调
11	服装	fúzhuāng	*n.*	dress; clothing; costume	服装设计
12	字幕	zìmù	*n.*	subtitle; caption	中文字幕
13	脸谱	liǎnpǔ	*n.*	types of facial makeup in operas	京剧脸谱
14	社会	shèhuì	*n.*	society; community	和谐社会
15	地位	dìwèi	*n.*	status	社会地位
16	准	zhǔn	*adv.*	accurately	准没错儿
17	传统	chuántǒng	*n.*	tradition	传统文化
18	艺术	yìshù	*n.*	art	戏剧艺术
19	相通	xiāngtōng	*v.*	communicate with each other; be interlinked	艺术是相通的
20	武打戏	wǔdǎxì	*n.*	martial arts movie	喜欢看武打戏
21	独特	dútè	*adj.*	special; original; distinctive	形式独特
22	形式	xíngshì	*n.*	form; shape; modality	艺术形式
23	经典	jīngdiǎn	*n.*/*adj.*	classics; sutra; scriptures/classic	经典歌曲
24	剧目	jùmù	*n.*	a list of plays or operas	演出的剧目
25	吸引	xīyǐn	*v.*	appeal to; attract; draw	有吸引力

（续表）

序号 No.	生词 New Words	拼音 Pinyin	词性 Part of Speech	英语注释 English	补充用法 Supplementary Usage
26	舞台	wǔtái	*n.*	stage	登上舞台
27	上演	shàngyǎn	*v.*	put on the stage	正在上演
28	人物	rénwù	*n.*	figure; character	主要人物
29	基本	jīběn	*adj.*	basic; fundamental; elementary	基本知识
30	情节	qíngjié	*n.*	plot	故事情节
31	理解	lǐjiě	*v.*	comprehend; understand	互相理解
32	功课	gōngkè	*n.*	homework; lesson; schoolwork	做功课
33	多亏	duōkuī	*adv.*	luckily; thanks to; owing to	多亏你提醒我

Duìhuà 对话 Dialogue

场景：请客户看京剧。

张丽：如礼，你看过京剧吗？

如礼：当然看过呀，我来中国都六年了！不光是京剧，我对各种演出都挺感兴趣的。

张丽：那我找对人了！你知道最近有什么好的演出？

如礼：有很多呀，除了京剧，还有话剧、音乐剧、演唱会等，你想看哪种？

张丽：不是我看。我刚和几个英国客户签订了一个合同，大家都累了好几天了，我想请他们放松放松，顺便了解一下中国文化。

如礼：那我建议你请他们看京剧吧。

张丽：我也是这么想的，京剧是中国的国粹，是了解中国文化最好的方式了。不过，看京剧好是好，我就是怕他们看不懂，会觉得没意思。

如礼：不会啊，我觉得京剧的唱腔和动作都很有意思，服装也很漂亮，客户不会觉得没意思的。

张丽：如礼，你看得懂京剧吗？

如礼：我看得懂，但听不懂。虽然听不懂，但是因为有字幕，能猜得出大概的意思。

张丽：那不错呀。你是不是很喜欢京剧呀？

如礼：因为语言不通，谈不上很喜欢。不过我对京剧的脸谱很感兴趣，京剧用各种脸谱来表现人物的社会地位和性格特点，非常有趣。对了，我建议你可以买几个京剧脸谱送给客户当礼物，他们一定会喜欢的。

张丽：嗯，好建议，谢谢！你是美国人，比我们更了解外国人，听你的准没错儿！我回头就去买。

如礼：你呢？你喜欢京剧吗？

张丽：喜欢呀！可我总觉得外国人可能会看不懂京剧，不喜欢京剧。但是我没想到的是，各国虽有不

同的传统文化，但艺术是相通的呀，武打戏那种独特的戏剧形式就更容易被全世界的人接受。

如礼：是的，我觉得京剧的音乐很好听，武打动作也很精彩。

张丽：我明白了，我应该请客户去看《三岔口》《闹天宫》这种唱腔设计较少，舞台动作丰富的经典剧目，让他们既了解京剧是什么，又不会觉得无聊。

如礼：这两个剧目我都看过，很吸引人的。我刚在网上查了一下，逸夫舞台经常上演京剧，明天晚上就有《闹天宫》的演出。

张丽：那太好了！我马上订票。

如礼：对了，我觉得你最好把《闹天宫》的故事背景、主要人物和基本情节整理出来给客户先看看，这样他们看京剧的时候就更容易理解了。我每次看京剧前都会这样做一下"功课"。

张丽：好的，太感谢了！这次多亏你帮了我。

如礼：别客气，你平时给我的帮助更多。

注释 Notes

1. 脸谱 liǎnpǔ：是中国传统戏曲中某些角色脸上画的各种图案，用来表现人物的性格和特征。脸谱最常见的有四种：生、旦、净、丑。
2. 国粹 guócuì：一个国家固有文化中的精华。中国国粹是中华民族的传统文化中最具有代表性的文化遗产。中国京剧、中国武术、中国书法、中国医学，被称为"中国的四大国粹"。
3. 《三岔口》sānchàkǒu：又名《焦赞发配》，取材于《杨家将演义》，为传统短打武生剧目。
4. 《闹天宫》nàotiāngōng：中国京剧传统剧目名，其故事情节选自古典小说《西游记》。

Huídá Wèntí 回答 问题 Questions about the Text

1. 张丽为什么要请客户看演出？
2. 如礼认为客户会喜欢京剧吗？为什么？
3. 张丽觉得外国人喜欢京剧吗？
4. 如礼对什么很感兴趣？为什么？
5. 张丽觉得请客户看什么样的京剧比较好？
6. 如礼觉得去看京剧前最好做点什么准备工作？

Yǔfǎ Diǎn 语法 点 Grammar Focus

一、谈不上

也可以说"说不上"，意思是"因条件不够或不可靠而无须提或不值得提"。肯定式为"谈得上""说得上"。例如：

(1) 这个孩子谈不上聪明，可是做事非常努力。
(2) 我们只是认识，谈不上了解。
(3) 那家公司还谈不上是知名的大企业。

二、准

1. （动）准许、同意。例如：

(1) 你跟老师请假，老师准了吗？
(2) 图书馆不准抽烟。

2. （形）准确。做谓语和补语。例如：

(3) 你读得很流利，发音也很准。
(4) 你的手表准吗？好像慢了五分钟。

3. （副）一定，表示肯定地估计。做状语。例如：

(5) 今天天气这么闷，我觉得下午准下雨。
(6) 他说话做事向来都很可靠，相信他，准没错儿。
(7) 只要你付出了努力，就准会有收获。

三、多亏

表示"由于别人的帮助避免了不如意的事情发生"。用来表达感谢或庆幸的心情。例如：

(1) 多亏你提醒了我，要不然我就忘了。
(2) 多亏你陪着我，不然我就迷路了。
(3) 我能够有今天的成绩，多亏了这些朋友的鼓励和帮助。

Cíyǔ Biànxī 词语 辨析 Word Differentiation

一、演出/上演

"演出"，动词、名词，把戏剧、舞蹈、曲艺、杂技等表演给观众看。"上演"，动词，（戏剧、舞蹈等）演出、（电影）放映。

二者的区别在于："演出"有名词的用法，而"上演"没有；作动词时，"演出"一般不带宾语；"上演"的范围比较广，除了戏剧舞蹈等外，还可以说上演电影、上演一出悲剧等。例如：

(1) 上海大舞台正在上演话剧《雷雨》。
(2) 这个电影明天开始在北京上演。
(3) 明天我们打算去看一个演出。
(4) 第一次登台演出时，我很紧张。

二、理解/了解

"了解",表示"知道某事或某物",对象是人或事物的情况。"理解","明白、清楚"的意思,指个体运用已有知识、经验,认识事物的联系、关系直至其本质、规律的思维活动,是更深层次的了解。对象是道理、理由,内容和人的看法、心情等。比如:我理解/了解他,都可以,但是意思不一样,分别表示:我知道他为什么这样想或做/我知道他是什么样的人。例如:

(1) 先理解,后记忆,背课文就容易多了。
(2) 我也经历过这样的事,所以我能理解你的心情。
(3) 新来的老师还不了解班级的情况。
(4) 这本书可以帮助你了解中国的历史。

一、看图填空。According to the pictures, fill in the blanks with the words you have learnt in this lesson.

1. 我下班以后想去看________。

A. 音乐　　B. 演出　　C. 唱歌

2. 中国的________很漂亮。

A. 服装　　B. 鞋　　C. 裤子

3. 昨天的京剧表演很________。

A. 喜欢　　B. 彩色　　C. 精彩

4. 迪士尼游乐园________了很多小孩子。

A. 吸引　　B. 有趣　　C. 好玩

5. 《白蛇传》将于8月1日________。

A. 演出　　B. 表演　　C. 上演

二、选词填空。Complete the sentences with the right words.

A　字幕　国粹　独特　经典　情节

1. 京剧是中国的________。
2. 现在的电视节目一般都有________，听不清楚也没关系。
3. 这部电影的故事________十分吸引人，大家都看得津津有味。
4. 臭豆腐味道________，让人吃过忘不掉。
5. 《西游记》是中国文学史上的________作品之一。

B　顺便　签订　地位　传统　相通

6. 旗袍是中国的________服装。
7. 回家的路上，她________去了趟超市。
8. 河流条条________，像一张大网。
9. 教师受人尊敬，有很高的社会________。
10. 王明作为公司代表与东南公司________了合同。

三、近义词填空。Complete the sentences with the right synonyms.

1. 来看________的人不多。

   A. 演出　　B. 上演

2. 这部电影下周________。

   A. 演出　　B. 上演

3. 他是个新演员，________时非常紧张。

   A. 演出　　　　B. 上演

4. 我的汉语水平不高，这句话的意思我不太________。

   A. 了解　　　　B. 理解

5. 我跟他认识的时间不长，我还不________他。

   A. 了解　　　　B. 理解

6. 我想________一下这个公司的情况。

   A. 了解　　　　B. 理解

四、从两个句子中选出正确的句子。Choose the correct one from each pair of sentences below.

1. （　　）

   A. 我很吸引这首歌。

   B. 这首歌很吸引我。

2. （　　）

   A. 这次多亏你帮助了我。

   B. 多亏这次你帮助了我。

五、用所给的词语完成句子或对话。Complete the dialogues with the words given.

1. A：这是我新买的鞋子。你觉得怎么样？

   B：________________________________。（谈不上）

2. A：王方是不是中国的知名女演员？

   B：________________________________。（谈不上）

3. A：我爷爷很喜欢传统的点心，你知道去哪儿买吗？

   B：________________________________。（准）

4. 这次考试你准备得那么好，________________________。（准）

5. ________________________，我们才能按时完成任务。（多亏）

6. ________________________，否则我就会把书忘在教室里了。（多亏）

六、英译汉。Translate the sentences below into Chinese.

1. Let's go to watch drama together this weekend.

   ____

2. Peking opera is the national essence of China with very interesting singing and actions.

   ____

3. I really want to see a performance.

   ____

4. It's good to watch Peking Opera. I'm just afraid they won't understand it.

   ____

5. If you know the story background, basic plots and main character, it is easy for you to understand it.

____

一、关键句填空。Complete the key sentences.

1. 京剧是中国的________。
2. 京剧的唱腔和________都很有意思。
3. 因为语言不通，________很喜欢。
4. 京剧可以用各种________来表现人物的社会地位和________特点。
5. 各国虽有不同的传统文化，但艺术是________的。

二、如礼的日记。Please help Ruli finish his diary using the words given.

动作　服装　演出　人物　唱腔　了解　现场

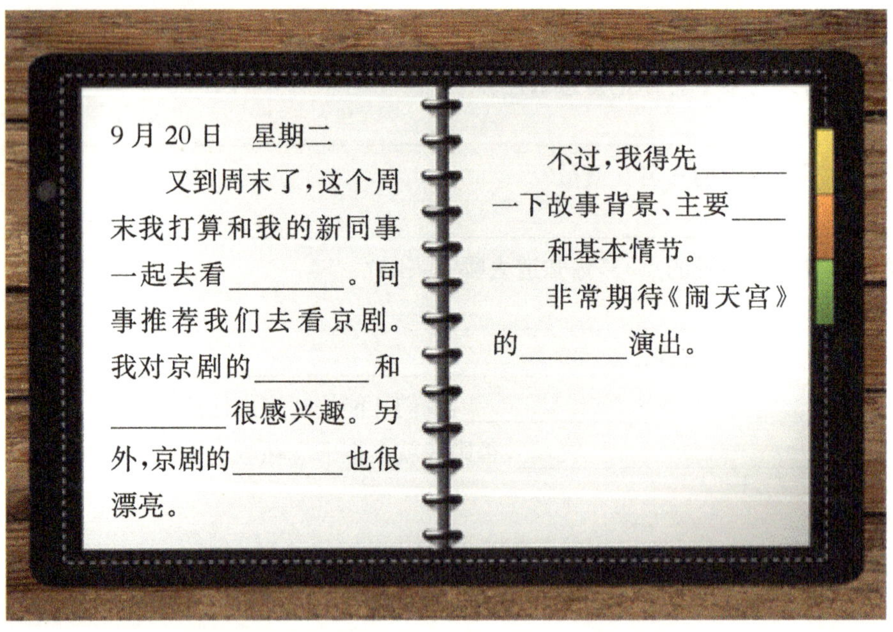

1. 请说说周末你们一般都做什么。是待在家里，还是出去玩？或者做家务、看电影、看书、去酒吧、去图书馆？

____

2. 在你们国家，人们喜欢怎么过周末？和中国人一样吗？

Qīngsōng Yíkè 轻松一刻 Fun Time

别找了

一次与一哥们儿打的，该下车时司机说 17 元，哥们儿赶紧翻包找钱，我忙拿出一张 20 元的票子递给司机，并对哥们儿说："别找了！"谁知哥们儿还没应声，只听司机说："谢谢啊！"

Bǔchōng Shēngcí 补充生词 Supplementary Words

1. 哥们儿 gēmenr	*n.*	good friend
2. 赶紧 gǎnjǐn	*adv.*	in a hurry
3. 翻 fān	*v.*	rummage
4. 票子 piàozi	*n.*	money
5. 应声 yìngshēng	*v.*	answer

Tuòzhǎn Yuèdú 拓展阅读 Extensive Reading

历史故事——三顾茅庐

刘备、关羽、张飞、诸葛亮、赵云、曹操、孙权等都是中国历史上三国时期的著名人物，又因为小说《三国演义》的广泛影响，他们的故事广为流传。"三顾茅庐"就是关于刘备和诸葛亮的一个故事。

东汉末年，诸葛亮居住在隆中的茅庐里。有人向刘备推荐说诸葛亮是个奇才，刘备为了请诸葛亮帮

自己打天下，就同关羽、张飞一起去请他出山。可是诸葛亮不在家，刘备只好留下姓名回去了。隔了几天，刘备打听到诸葛亮回来了，于是又带着关羽、张飞冒着风雪前去。哪知诸葛亮又出门了，刘备他们又白跑一趟。刘备第三次去隆中，终于见到了诸葛亮。在交谈中，诸葛亮对天下形势作了非常精辟的分析，刘备十分叹服。

刘备三顾茅庐使诸葛亮非常感动，答应出山相助，刘备尊诸葛亮为军师。诸葛亮初出茅庐，就帮刘备打了不少胜仗，为刘备奠定了蜀国的基础。成语“三顾茅庐”由此而来，意思是虚心地多次去请求别人的帮助。

与中国历史有关的故事，你还知道哪些？跟同学们分享一下，讲给他们听听吧！

Dì qī kè　Shì chǎng tuī guǎng——zhǎo yí wèi míng xīng

第七课　市场推广——找一位明星

lái dài yán wǒ men de chǎn pǐn ba

来代言我们的产品吧

Lesson 7　Market promotion
— Let's get a celebrity to endorse our products

Běnkè Dǎoháng
本课　导航
Lesson Navigation

课文学习：

1. 常见的市场推广方式
2. 明星代言

语法学习：

1. 自然；一是……，二是……；一方面……，另一方面……；倒
2. 宣传/推广、举办/举行、效果/成效

拓展阅读：神医华佗

1. 上个季度我们公司的销售量降低，利润下滑了近10%。
2. 要重视市场推广，尽快提高产品的知名度，树立良好的品牌形象。
3. 一方面可以增加公司的业绩，另一方面也可以提高公司的品牌影响力。
4. 提供赞助也是一种重要的推广方式，可以提升企业的公众形象。
5. 找到一个合适的品牌代言人非常关键。

Shēngcí 生词 New Words

序号 No.	生词 New Words	拼音 Pinyin	词性 Part of Speech	英语注释 English	补充用法 Supplementary Usage
1	季度	jìdù	*n.*	quarter of a year	第一季度
2	下滑	xiàhuá	*v.*	glide	销量下滑
3	景气	jǐngqì	*n.*	prosperity	景气指数
4	自然	zìrán	*n.* *adj.* *adv.*	nature natural naturally	自然界 不太自然 自然就明白了
5	知名度	zhīmíngdù	*n.*	popularity；publicity	知名度很高
6	树立	shùlì	*v.*	set up；establish；erect	树立形象
7	品牌	pǐnpái	*n.*	trademark；brand	知名品牌
8	形象	xíngxiàng	*n.*	image；figure；form	美好的形象
9	宣传	xuānchuán	*v.*	propagandize；broadcast	广告宣传
10	册	cè	*n.*	book；volume	宣传册
11	定期	dìngqī	*v./adj.*	fix a date/terminal； at regular intervals	定期存款
12	促销	cùxiāo	*v.*	promote	促销手段
13	投放	tóufàng	*v.*	put in； throw in； put (goods) on the market	投放市场
14	举办	jǔbàn	*v.*	conduct；hold	举办比赛
15	推介	tuījiè	*v.*	recommend；introduce	推介产品
16	媒体	méitǐ	*n.*	media	新闻媒体
17	影响	yǐngxiǎng	*v./n.*	affect；impact/effect	社会影响
18	展会	zhǎnhuì	*n.*	exhibition；trade show	看展会
19	同行	tóngháng	*n.*	of the same trade or occupation	同行间的协作
20	展示	zhǎnshì	*v.*	display；exhibit；demonstrate	产品展示
21	广交会	guǎngjiāohuì	*n.*	Canton Fair；China Import and Export Fair	参加广交会
22	成效	chéngxiào	*n.*	effect；efficiency	富有成效
23	针对性	zhēnduìxìng	*n.*	pertinence；pertinency	针对性很强
24	赞助	zànzhù	*v.*	sponsor；support	赞助商

（续表）

序号 No.	生词 New Words	拼音 Pinyin	词性 Part of Speech	英语注释 English	补充用法 Supplementary Usage
25	热烈	rèliè	*adj.*	enthusiastic; fervent; ardent	热烈的欢迎仪式
26	快速	kuàisù	*adj.*	quick; rapid; fast	快速前进
27	采用	cǎiyòng	*v.*	use; adopt; employ	采用……建议
28	突出	tūchū	*v./adj.*	outstand/outstanding; prominent	成绩突出
29	代言	dàiyán	*v.*	endorsement; represent	明星代言
30	感染	gǎnrǎn	*v.*	infect	感染人
31	说服	shuōfú	*v.*	persuade; convince	说服别人
32	特征	tèzhēng	*n.*	characteristic; feature; trait	明显的特征
33	群体	qúntǐ	*n.*	group; colony	社会群体
34	关键	guānjiàn	*n./adj.*	key; crux; hinge	关键句

Duìhuà 对话 Dialogue

场景：市场推广讨论。

经理：上个季度我们公司的销售量降低，利润下滑了近10%。

如礼：现在经济不景气，人们的购买力下降，销售量自然不容易增加。

马克：确实如此，不过我们公司的产品知名度低也是一个重要原因。

经理：是的，所以我们要重视市场推广，尽快提高产品的知名度，树立良好的品牌形象。大家有什么好的想法？

马克：我们目前的营销策略主要有两种：一是制作精美的产品宣传册，详细介绍我们产品的质量和功能；二是定期开展促销活动。这些方法都比较传统。

如礼：我们应该在电视、地铁以及网络上投放一些广告，宣传效果又快又好。

马克：也可以举办产品推介会，邀请一些客户、媒体朋友来参加，通过媒体宣传我们的产品，这比较有影响力。

张丽：我们还可以多参加国内外的展会和商品交易会。

经理：通过展会的形式向客户及同行展示自己的新产品和成果，一方面可以增加公司的业绩，另一方面也可以提高公司的品牌影响力。这个方法不错，张丽，你来负责这一块，安排参加适合我们的展会。

张丽：好的。我觉得广交会在产品推广和交易方面就很有成效，我去查一查。

马克：我觉得我们还可以把企业、团体作为对象，准备有针对性的宣传、销售资料，划分重要、次要客户，向目标对象推广合适的产品。

张丽：提供赞助也是一种重要的推广方式，可以提升企业的公众形象，消费者的接受度更高。我们可以为一些活动、比赛什么的提供赞助。

经理：好的。今天的讨论很热烈，大家想到了很多方法，都很好。目前看来，广告应该是最快速的一种推广方法了，我们以前在这个方面做得很不够。不过，采用什么广告形式，得好好策划一下。

马克：这次的广告应该突出品牌形象。

如礼：我建议可以找一位明星来代言我们的产品。明星对普通消费者具有很大的影响力，请名人在广告中介绍、推荐产品，能产生较强的感染力和说服力。

张丽：那倒是。有时候明星还可以起到定位品牌的作用。通过明星的个人形象及年龄等特征还可以确定产品的消费群体。所以，找到一个合适的品牌代言人非常关键。

经理：这个我们还是交给专业公司去做吧，我们可以找一家有经验的广告公司去咨询一下。

注释 Notes

1. 广交会 guǎngjiāohuì：中国进出口商品交易会，即广州交易会，简称“广交会”。创办于1957年，每年春秋两季在广州举办，是中国目前规模最大、商品种类最全、成交效果最好的综合性国际贸易盛会，被誉为“中国第一展”。
2. 产品推介会 chǎnpǐn tuījiè huì：产品的推荐和介绍大会，旨在帮助企业、社会组织和团体、政府等宣扬自己的特点、产品和政策，促进交流活动，为合作双方带来利益的一种促销形式。
3. 明星代言 míngxīng dàiyán：利用明星的平面肖像或录像，通过一系列的宣传手段广为消费者知晓的一种营销方式。

Huídá Wèntí 回答问题 Questions about the Text

1. 上个季度他们公司的销售量怎么样？为什么会这样？
2. 面对这种情况，他们应该怎么做？
3. 他们以前有哪些营销策略？
4. 他们认为以后可以增加哪些营销方法？
5. 参加展会有什么好处？
6. 提供赞助的推广形式有什么好处？
7. 请明星代言产品有什么好处？

Yǔfǎ Diǎn 语法点 Grammar Focus

一、自然

1. 名词，自然界。是与人类社会相区别的物质世界。例如：

(1) 在自然界，只有人类能够制造和使用劳动工具。
(2) 我喜欢花草树木、虫鱼鸟兽，我热爱大自然。

2. 副词，表示理所当然，一定是这样的。例如：

(3) 你不吃饭，肚子自然会饿。
(4) 认真学习，自然能取得好的成绩。

3. 形容词，表示不勉强，不呆板。例如：

(5) 她在舞台上表演舞蹈的时候很自然。
(6) 他讲话时，态度自然大方。

二、一是……，二是……

表列举，一般用于列举两项内容。例如：

(1) 世界上有两个地方我最想去，一是英国伦敦，二是法国巴黎。
(2) 我去上大学前，妈妈强调了两点，一是要注意身体，二是要努力学习。
(3) 要想考出好成绩，一是要专心听讲，二是要认真做作业。

三、一方面……，另一方面……

常用来表示两种并列的事物或一个事物的两个方面，是一对关联词语，表示并列关系，必须成对使用。也可以说“一方面……，一方面……”。例如：

(1) 假期里，我们一方面好好放松，一方面要复习功课。
(2) 想学好语文，一方面要多积累，一方面要多运用。
(3) 我周末不能出去玩儿了，一方面是由于学习太紧张了，另一方面是由于我要照顾生病的妈妈。

四、倒

1. 副词，表示让步，一般用在转折复句的前分句中，后一分句常用连词“但是”“可是”“不过”等呼应，也可以说“倒是”。后带动词(短语)或形容词(短语)。例如：

(1) 这件衣服大小倒合适，就是太贵了。
(2) 我倒是喜欢这个电影，可是明天有考试，我没有时间去看。

2. 副词，表示违反情理、出乎意料，与预料的相反，也可以说“反倒”。一般用于后一分句中，带动词(短语)或形容词(短语)。例如：

(3) 弟弟平时很调皮，学习倒不错。
(4) 他是个外国人，普通话倒说得比有些中国人还好。

Cíyǔ Biànxī 词语辨析 Word Differentiation

一、宣传/推广

这两个词的相同之处是，“宣传”和“推广”都是为了使更多人知道。

不同之处在于，“宣传”的意思是“说明讲解，使他人相信并跟着行动”，“宣传”的宾语可以是产品，也可以是其他。如：宣传文明习惯、宣传环保行为。“推广”的意思是“扩大事物使用的范围或起作用的范围”。如：推广普通话、推广先进经验。在商务汉语中，“推广”一般面对合作方或客户，以获利为目的，“推广”的搭配一般是产品、市场，如“推广产品”“市场推广”。例如：

(1) 出版社举办活动宣传新书。
(2) 很多小区都开展了垃圾分类宣传活动。
(3) 公司很重视市场推广。
(4) 商家通过赞助推广产品。

二、举办/举行

“举办”，动词，强调“办理”，主语必须是人或由人组成的单位（如公司、学校、组织等），而不能是活动本身。“举行”，强调举行的地点、时间、情况。主语可以是人，也可以是活动（如会议、比赛等）。例如：

(1) 我们两个单位一起举办了这次会议。
(2) 我们已经举办过很多次文化讲座了。
(3) 游泳比赛将在周六上午九点举行。
(4) 今年的毕业典礼在学校大礼堂举行。

另外，“举行”和“举办”的对象不同，他们有一些固定搭配的对象，不能更换。例如：

举行会谈（对）	举办会谈（错）
举办讲座（对）	举行讲座（错）
举办展览（对）	举行展览（错）
举办培训班（对）	举行培训班（错）

三、效果/成效

“效果”，名词，是中性词，可以指好的结果，也可以指不好的结果，可以跟“良好”“不好”等词搭配，也可以跟“显著”“明显”等词搭配。例如：

(1) 吃减肥药会有什么不良的效果？
(2) 我以前用过这种产品，效果很好。

“成效”指好的效果，不能用表示“好”的意思的词来修饰，不能说“成效很好”“成效不好”“良好的成效”等。常见的搭配有“有成效”“成效显著”“成效明显”等。指好的结果时，除了一些常用搭配，用“成效”的地

方一般也可以用“效果”。例如：

(3) 20 世纪 80 年代，中国的改革开放政策初见成效。
(4) 对孩子改变教育方法后，成效(效果)显著。

一、看图填空。According to the pictures, fill in the blanks with the words you have learnt in this lesson.

1. 这家商场每个周末都有________活动。

A. 推介　　B. 促销　　C. 树立

2. 常见的市场________方式有很多。

A. 推广　　B. 介绍　　C. 发布

3. 他们在学校门口发放________。

A. 投放　　B. 群体　　C. 宣传册

4. 公司邀请很多家________参加发布会。

A. 报纸　　B. 媒体　　C. 客户

5. 公司举办________展示新产品。

A. 展出　　B. 开展　　C. 展会

二、选词填空。Complete the sentences with the right words.

A　下滑　定期　同行　说服　关键

1. 成功的________在于勤奋努力。
2. 与第一季度相比，第二季度的业绩________了15%。
3. 学校________举办各种活动，丰富同学们的课余生活。
4. 老师花了很多时间，才________了他。
5. 面对年轻的________企业，餐饮老品牌如何做到年轻化？

B　热烈　突出　快速　感染　景气

6. 最近经济不________，很多人都找不到工作。
7. 李平各方面的表现都很________。
8. 经济在________发展的过程中也出现了一些问题。
9. 讨论会上，大家有说有笑，气氛________。
10. 小红乐观积极的态度________了我。

三、近义词填空。Complete the sentences with the right synonyms.

1. 通过媒体________公司的文化，比较有影响力。
   A. 推广　　B. 宣传
2. 经理亲自参加了展览会等各种市场________活动。
   A. 推广　　B. 宣传
3. 学校打算________一个留学生书画展览。
   A. 举行　　B. 举办
4. 这次活动将在公司大会议室________。
   A. 举行　　B. 举办
5. 这种药的________不好，你换一种药吧。
   A. 效果　　B. 成效
6. 目前，我们的市场推广工作初见________。
   A. 效果　　B. 成效

四、从两个句子中选出正确的句子。Choose the correct one from each pair of sentences below.

1. (　　)

   A. 学校利用海报推广好人好事。

   B. 他们正在分发宣传材料。

2. (　　)

   A. 我们应该尽快增加产品知名度。

   B. 公司在电视及网络上投放了一些广告。

五、用所给的词语完成句子或对话。Complete the dialogues with the words given.

1. A：这是我的第一次演出，你觉得我演得怎么样？

   B：________________________________。（自然 *adj*.）

2. A：她怎么考得那么好？

   B：________________________________。（自然 *adv*.）

3. 中国有两个地方是我最想去的，________________________。（一是……，二是……）

4. 在上课之前，老师向大家提了两个要求，________________________。（一是……，二是……）

5. A：王明这次跑步比赛怎么是最后一名？

   B：________________________________。（一方面……，另一方面……）

6. 作为班长，________________________________。（一方面……，另一方面……）

7. A：这件衣服挺好的，你怎么不买？

   B：________________________________。（……倒……，可是/不过……）

8. 妹妹比姐姐小三岁，________________________________。（倒）

六、英译汉。Translate the sentences below into Chinese.

1. What are the common ways to promote?

   ____

2. We can hold product promotion meetings or promote products through the media. These ways are more influential.

   ____

3. This advertisement should highlight the brand image.

   ____

4. I suggest we find a star to endorse our product.

   ____

5. Providing sponsorship is also an important way of promotion, which can make it more acceptable to consumers.

   ____

Běnkè Huígù 本课 回顾 Looking Back

一、关键句填空。Complete the key sentences.

1. 上个季度我们公司的销售量降低，________下滑了近 10%。
2. 要重视市场推广，尽快提高产品的________，树立良好的品牌________。
3. 一方面可以增加公司的________，另一方面也可以提高公司的品牌________。
4. 提供赞助也是一种重要的________方式，可以提升企业的________形象。
5. 找到一个合适的品牌代言人非常________。

二、如礼的日记。Please help Ruli finish his diary using the words given.

促销　代言　展会　宣传　举办　影响力

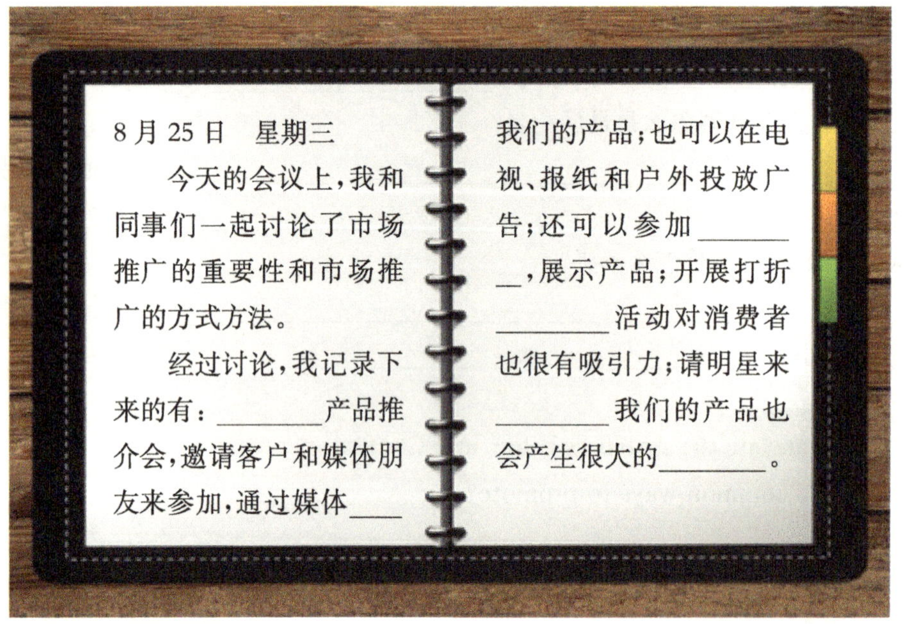

Jiāoliú Lùntán 交流 论坛 Forum

1. 你认为要做好销售工作，需要了解哪些情况？为了产品卖得更好，需要重视市场推广吗？

____

____

____

____

2. 如果你要推广新产品，你会用哪些方法，为什么？

____

____

____

____

Qīngsōng Yíkè 轻松 一刻 Fun Time

（一位在饮料公司做市场推广的销售员失望地回来了。）

销售员：阿拉伯地区的人不知道我们的饮料，我用三张图片介绍饮料。第一张是一个人在沙漠里爬，又热又渴；第二张是那人喝完饮料；第三张是那人精神非常好。制作完海报后，我自信地贴了很多海报。

同事：应该很有效果。

销售员：哎，没想到阿拉伯人看书是从右往左看的！

Bǔchōng Shēngcí 补充 生词 Supplementary Words

1. 失望 shīwàng	*v./adj.*	disappointment
2. 阿拉伯地区 ālābó dìqū	*n.*	Arab region
3. 精神 jīngshén	*n./adj.*	spirit; mind
4. 海报 hǎibào	*n.*	poster; notice
5. 自信 zìxìn	*n.*	self-confidence
6. 效果 xiàoguǒ	*n.*	result; effect

Tuòzhǎn Yuèdú 拓展 阅读 Extensive Reading

神医华佗

华佗，是三国时期著名的医学家。他少年时曾经在外地游学，喜欢钻研医术而不愿意做官。他行医的足迹遍及安徽、山东、河南、江苏等地。华佗经过数十年的医疗实践，熟练地掌握了养生、方药、针灸和手术等治疗手段。他诊断精确，方法简捷，疗效显著，被誉为“神医”。

他在医学上有多方面的成就，精通内、外、妇、儿、针灸各科，对外科尤为擅长。他还是世界上第一个发明麻醉剂的人。他根据中医原理，模仿虎、鹿、熊、猿、鸟五种动物的动作和神态编创了一套健身的武术动作，被称为“五禽戏”，动作柔和，利于养生，至今广为流传。

你们国家历史上的名医也很多吧？请选择一位，说说他的事迹吧！

Dì bā kè　Shāng wù hé zuò huì tán
第八课　商务合作会谈
zhù wǒ men hé zuò yú kuài
——祝我们合作愉快

Lesson 8　Business cooperation talks
— I hope we can cooperate happily

Běnkè Dǎoháng
本课　导航
Lesson Navigation

课文学习：

1. 公司主要业务、声誉
2. 商业洽谈

语法学习：

1. 值得、如何
2. 行业/职业、收益/收获、商谈/洽谈、提议/建议

拓展阅读：绿色经济

1. 我们公司属于制造行业，主要生产电子产品。
2. 我们公司处于行业领先地位，在电子产品的销售方面也有丰富的经验。
3. 贵公司有良好的声誉，值得信赖。
4. 我们可以详细商谈确定市场销售目标。
5. 愿我们能互利共赢，祝合作愉快。

序号 No.	生词 New Words	拼音 Pinyin	词性 Part of Speech	英语注释 English	补充用法 Supplementary Usage
1	寻找	xúnzhǎo	*v.*	search；seek；look for	寻找物品
2	属于	shǔyú	*v.*	belong to；be part of	属于某人
3	制造	zhìzào	*v.*	manufacture	制造业
4	行业	hángyè	*n.*	industry	建筑行业
5	电子产品	diànzǐ chǎnpǐn	*n.*	electronics；electronic products	购买电子产品
6	起步	qǐbù	*v.*	start	起步价
7	集中	jízhōng	*v.*	concentrate；focus	集中注意力
8	精力	jīnglì	*n.*	energy；vigour	集中精力
9	创造	chuàngzào	*v.*	create	创造新世界
10	领先	lǐngxiān	*v.*	leading	世界领先
11	推动	tuīdòng	*v.*	drive；promote	推动前进
12	声誉	shēngyù	*n.*	reputation	影响声誉
13	值得	zhídé	*v.*	deserve	值得一游
14	信赖	xìnlài	*v.*	trust；count on	信赖某人
15	洽谈	qiàtán	*v.*	negotiate	贸易洽谈
16	配备	pèibèi	*v.*	equip；outfit	配备电脑
17	模式	móshì	*n.*	pattern；schema	静音模式
18	细节	xìjié	*n.*	detail	注意细节
19	参考价	cānkǎo jià	*n.*	RP（Reference Price）；reference value	市场参考价
20	范围	fànwéi	*n.*	scope；range	考试范围
21	收益	shōuyì	*n.*	income	收益率
22	如何	rúhé	*adv.*	how	如何处理
23	分配	fēnpèi	*v.*	distribute	分配的方法
24	分成	fēnchéng	*v.* *n.*	divide into；separate into shared revenue	三七分成
25	商谈	shāngtán	*v.*	negotiate	几轮商谈
26	费用	fèiyòng	*n.*	expense	快递的费用

（续表）

序号 No.	生词 New Words	拼音 Pinyin	词性 Part of Speech	英语注释 English	补充用法 Supplementary Usage
27	运输费	yùnshū fèi	*n.*	traffic expense	负担运输费
28	差旅费	chāilǚ fèi	*n.*	travel expense	报销差旅费
29	通信费	tōngxùnfèi	*n.*	communication expense	通信费的金额
30	提议	tíyì	*v.*	propose; suggest	我提议
31	订单	dìngdān	*n.*	order for goods	接到订单
32	按时	ànshí	*adv.*	on schedule; on time	按时来
33	交流	jiāoliú	*v.*	exchange; interchange	交流看法
34	互利	hùlì	*v.*	mutual benefit	互助互利
35	共赢	gòngyíng	*v.*	win-win	达到共赢

Duìhuà 对话 Dialogue

场景：合作洽谈会。

王经理：您好！我是山海公司的王元。我们正在寻找销售方面的合作伙伴，帮助销售产品。不知道你们公司是否有兴趣。

如　礼：您好！我是如礼，很高兴认识您！非常希望能与贵公司合作。

王经理：我们公司属于制造行业，主要生产电子产品。公司现在刚刚起步，想集中精力搞生产。销售方面，准备寻找一家可靠的销售公司，进行长期合作。

如　礼：我们公司在销售行业已经做了二十多年，创造出了很好的业绩，处于行业领先地位，在电子产品的销售方面也有丰富的经验。与我们合作，一定会大大推动贵公司的发展。

王经理：是的。我们也是看中了贵公司良好的声誉，觉得值得信赖。希望我们洽谈成功，长期合作。

如　礼：我们也希望如此，我们公司非常重视这次合作，我们会配备最好的销售团队来开展贵公司产品的销售业务。

王经理：好的。由我公司负责生产，贵方负责销售和市场，以这种模式合作可以吗？

如　礼：可以。

王经理：那我们接着谈谈具体的细节问题。

如　礼：好的。产品价格怎么确定？

王经理：我方会给出一个参考价，你们根据市场情况在一定范围内可以定出一个市场价。

如　礼：好的。关于销售的收益，双方如何分配？

王经理：利润分成方面，我方付给你方销售收益的40%怎么样？

如　礼：好的。

王经理：我们以后可以详细商谈确定市场销售目标。我们公司另外需要支付什么费用吗？

如　礼：贵方需支付产品的运输费。我方自己组织销售团队，销售团队的工资、差旅费、通讯费都由我方负责。

王经理：好。我们同意你方提议。

如　礼：贵公司收到我方提供的订单后，根据订单地址按时发货。

王经理：好的。以后有什么问题我们多交流沟通。祝我们合作愉快！

如　礼：愿我们能互利共赢，祝合作愉快！

注释 Notes

1. 制造行业 zhìzào hángyè：指将制造资源（物料、能源、设备、工具、资金、技术、信息和人力等）转化为可供人们使用和利用的大型工具、工业品与生活消费产品的行业。
2. 电子产品 diànzǐ chǎnpǐn：以电能为工作基础的相关产品，主要包括手机、电话、电视机、收音机、电脑等。因早期产品主要以电子管为基础原件，所以叫电子产品。

Huídá Wèntí 回答问题 Questions about the Text

1. 山海公司是一家什么样的公司？
2. 如礼他们公司是一家什么样的公司？
3. 他们将采取怎样的模式合作？
4. 产品价格怎么确定？
5. 双方收益将怎么分配？
6. 两家公司分别需要承担什么费用？

Yǔfǎ Diǎn 语法点 Grammar Focus

一、值得

动词，表示某一行为、某一事物被评价为有价值或有意义的。可带句子或动词（短语）做宾语。例如：

（1）这个问题很值得研究。
（2）她认真努力的工作态度值得我们学习。
（3）上这门课后孩子的成绩提高了很多，花这笔钱是值得的。

二、如何

代词，意思是"怎么、怎么样"，多用于书面语。例如：

（1）你近况如何？
（2）我并不清楚他将如何解决这个问题。
（3）对于这个问题，他不知该如何回答。

Cíyǔ Biànxī 词语 辨析 Word Differentiation

一、职业/行业

都是名词,都指社会工作。但语义层次不同,"职业"指个人所从事的赖以生存的工作,强调的是个人的角度;"行业"指的是职业的类别,一般指工商业中的类别,如"服装行业""建筑行业"等,一个行业中有多种职业。

(1) 他是一个自由职业者。
(2) 医生这个职业是很伟大的,也是很辛苦的。
(3) 他是医疗行业中的权威专家。
(4) 每个行业都有最优秀的人。

二、收益/收获

"收益",名词,生产上或商业上的收入。"收获",作动词时,指取得成熟的农作物。作名词时,比喻心得、战果等。

二者区别在于"收益"只作名词,是商业上的。"收获"可以是动词也可以是名词,可以是具体的农业的收获,也可以是抽象的收获。

(1) 我们讨论一下增加收益的办法吧。
(2) 这个项目的收益很少。
(3) 春天播种,秋天收获。
(4) 请大家谈谈自己的学习收获。

三、商谈/洽谈

"商谈"的意思是"与他人进行讨论,以便对某事得出解决办法"。"洽谈"一般指"对一定的经济事项,双方当事人之间进行初步的接洽、商谈,以探索其实现可能性的行为"。

"商谈"和"洽谈"都有"商量、讨论"的意思,都是动词。不同之处在于:"洽谈"一般指在商业活动中的交谈;"商谈"一般指为了解决较大的或者较复杂的问题而交换意见。

(1) 在经济协作洽谈会上,王经理的发言引起了大家的重视。
(2) 中国联通正与苹果公司进行商谈。
(3) 有时候负责招聘的经理要与应聘者商谈薪水问题。

四、提议/建议

"提议",作动词时,表示"提出意见或主张请大家讨论"。作名词时,指"商讨问题时提出的主张"。"建议",作动词时,表示"向有关方面提出自己的主张"。作名词时,表示"向有关方面提出的主张"。二者区别在于"提议"一般用于会议或正式场合,"建议"没有这个限制。例如:

(1) 今年的会议上，有人提议将明年的会议时间改到春季。
(2) 大会同意了代表们的提议。
(3) 老师建议同学们多看新闻。
(4) 领导应该多听群众的意见和建议。

Liànxí 练习 Exercise

一、看图填空。According to the pictures, fill in the blanks with the words you have learnt in this lesson.

1. 我们部门负责销售电子________。

A. 产品　　B. 产业　　C. 行业

2. 您想用支付宝还是微信________？

A. 打电话　　B. 发短信　　C. 支付

3. 贵公司的________一直很好。

A. 声音　　B. 声誉　　C. 声响

4. 最近订单很多，负责________的同事们经常要加班。

A. 发货　　B. 发钱　　C. 发展

5. 这家公司仍处于行业________地位。

A. 竞争　　B. 合作　　C. 领先

二、选词填空。Complete the sentences with the right words.

A　细节　行业　范围　声誉　精力

1. 本________市场一片大好，本厂作为龙头企业，不能落后。
2. 上课时要集中________听老师讲课。
3. 他很有才华，在学术界享有很高的________。
4. 我清晰地记得这件事的每一个________。
5. 这次考试的________以课本为主，大家要做好充分准备。

B　集中　信赖　创造　起步　值得

6. 如果你的公司是刚________，那么找到具有相关经验的员工相当重要。
7. 我们应该________力量做好眼下的工作。
8. 人类在21世纪将会________出更多的奇迹。
9. 小红做作业非常认真，________我们向她学习。
10. 同学越是________我们，我们越要对同学负责。

C　提议　商谈　洽谈　交流　分配

11. 工厂派爸爸去香港________生意。
12. 我们围在班长周围，听他________任务。
13. 对于这个________，大部分人都表示反对。
14. 我们公司要加强国际间的经济贸易合作与________。
15. 经过了几周来来回回的________，双方达成了一致意见，签订了合同。

三、近义词填空。Complete the sentences with the right synonyms.

1. 对于如何加强合作这一问题，双方举行了多次________会议。
   A. 商谈　　B. 洽谈
2. 我们应该好好________一下这件事的解决办法。
   A. 商谈　　B. 洽谈
3. 你的________是医生，是老师，还是消防员？
   A. 职业　　B. 行业
4. 他掌握了一项在本________中顶尖的技术，受到了公司领导的重视。
   A. 职业　　B. 行业

5. 这次长途旅行，我看到了很多人很多事，________了很多。
   A. 收益　　　　B. 收获
6. 在这段时间里，我们的销量、收入和________都创造了新纪录。
   A. 收益　　　　B. 收获
7. 他们向政府提出了一个合理的________。
   A. 提议　　　　B. 建议
8. 在学生代表大会上，他________增加课外活动时间，大家一致赞同。
   A. 提议　　　　B. 建议

四、从两个句子中选出正确的句子。Choose the correct one from each pair of sentences below.

1. （　　）
   A. 除产品生产以外的一切费用都我方负责。
   B. 我公司负责生产，贵方负责销售和市场。
2. （　　）
   A. 我们付给你们销售额的 40%。
   B. 我们付你们给销售额的 40%。

五、用所给的词语完成句子或对话。Complete the dialogues or sentences with the words given.

1. A：他们人真好，那么热心地帮助我们，
   B：____。（值得）
2. A：付出这么多的劳动，太辛苦了。
   B：____。（是值得的）
3. 他很聪明，晓得____。（如何）
4. 你空有远大的理想，却不肯努力去追求，____？（如何）

六、英译汉。Translate the sentences below into Chinese.

1. Our company has created a very good performance in the past year.
   ____
2. I hope that we can negotiate successfully and have a long-term cooperation.
   ____
3. How to distribute our earnings?
   ____
4. Please ship as soon as possible according to the order address.
   ____
5. We are responsible for the organization of our sales team, including the sales team's wages, travel expenses and communication fees.
   ____

Běnkè Huígù 本课 回顾 Looking Back

一、关键句填空。Complete the key sentences.

1. 我们公司属于制造________，主要生产电子产品。
2. 我们公司处于行业________地位，在电子产品销售方面也有丰富的________。
3. 贵公司有良好的________，值得________。
4. 我们可以详细________确定市场销售目标。
5. 愿我们能互利________，________合作愉快。

二、如礼的日记。Please help Ruli finish his diary using the words given.

合作　分配　领先　声誉　属于　洽谈　目标

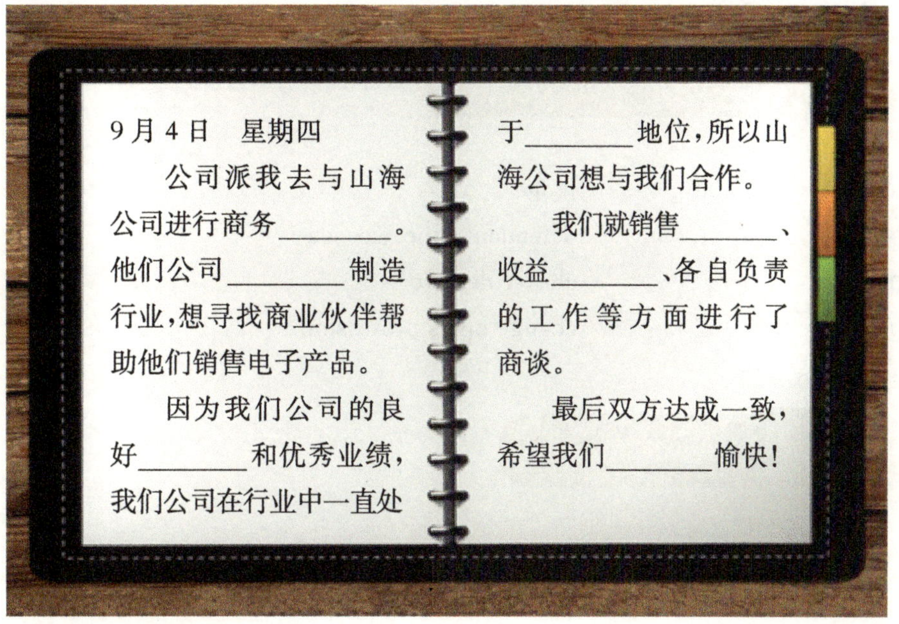

9月4日　星期四

公司派我去与山海公司进行商务________。他们公司________制造行业，想寻找商业伙伴帮助他们销售电子产品。

因为我们公司的良好________和优秀业绩，我们公司在行业中一直处于________地位，所以山海公司想与我们合作。

我们就销售________、收益________、各自负责的工作等方面进行了商谈。

最后双方达成一致，希望我们________愉快！

Jiāoliú Lùntán 交流 论坛 Forum

1. 你有过商业洽谈的经历吗？如果有，请说说你们就什么方面进行了洽谈，商业洽谈中要注意什么。

____

____

____

2. 如果没有商业洽谈的经历，你希望与其他公司进行商业洽谈吗？你理想的商业洽谈是什么样的？

____

Qīngsōng Yíkè 轻松一刻 Fun Time

法官："为什么你要欺骗那些相信你的人？"
被告："因为要想欺骗那些不相信我的人，根本办不到，法官先生。"
法官："我希望这是最后一次，我不想再在这里见到你了。"
被告："怎么？法官大人，你要改行吗？"

Bǔchōng Shēngcí 补充生词 Supplementary Words

1. 法官 fǎguān	*n.*	judge
2. 被告 bèigào	*n.*	defendant; the accused
3. 欺骗 qīpiàn	*v.*	cheat; deceive
4. 改行 gǎiháng	*v.*	change one's profession

Tuòzhǎn Yuèdú 拓展阅读 Extensive Reading

绿色经济

绿色经济是一种新的经济形态，它以资源节约型和环境友好型经济为主要内容，资源消耗低，环境污染少。它也是一种新的发展理念、发展目标和发展方式。目前，绿色经济正推动全球经济转变。

以林业来说，绿色经济的关键是加速林业发展。林业是绿色经济发展的基础，是生态系统中的主体、维护生态平衡的核心。传统的林业是以生产木材为主，而在绿色经济发展理念下，林业发展转变为以生态建设为主。目前很多国家林业发展的目标已转变为促进以山清水秀、环境优美、资源丰富为标志的绿色经济。

绿色经济包括低碳经济、循环经济和生态经济在内的高技术产业，有利于转变经济高能耗、高物耗、高污染、高排放的粗放发展模式，有利于推动经济可持续增长。

现在我们经常使用的共享单车是绿色经济吗？你还知道哪些绿色经济形式呢？

第九课 网络购物——网络购物真方便啊

Dì jiǔ kè Wǎng luò gòu wù —— wǎng luò gòu wù zhēn fāng biàn a

Lesson 9 Shopping online — It's so convenient to shop online

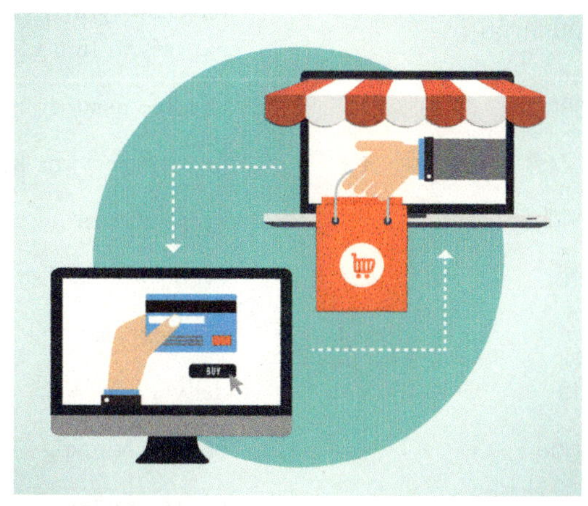

Běnkè Dǎoháng
本课 导航
Lesson Navigation

课文学习：

1. 网络购物的方法
2. 网购注意事项

语法学习：

1. 保证/甚至
2. 二/两、评价/评论、确定/确认

拓展阅读： 网络经济

1. 足不出户，就可以购买全国各地甚至世界各地的商品。
2. 现在物流速度很快，本市一般当天或者次日就可送达。
3. 你可以参考别人对商品、价格、服务态度、售后服务的评价，然后再货比三家。
4. 能不能推荐几个常用的购物平台？
5. 除此之外，还有什么注意事项？
6. 要选择正规的网站购物，不要泄露自己的账号密码以及支付密码。

Shēngcí 生词 New Words

序号 No.	生词 New Words	拼音 Pinyin	词性 Part of Speech	英语注释 English	补充用法 Supplementary Usage
1	商圈	shāngquān	*n.*	business district; trading area	人民广场商圈
2	应有尽有	yīngyǒujìnyǒu		have everything that one expects to find	各种物品应有尽有
3	保证	bǎozhèng	*v.*	ensure; assure	保证完成
4	熟悉	shúxī	*v.*	be familiar with; know well	慢慢熟悉
5	足不出户	zúbùchūhù		keep indoors	总是足不出户
6	甚至	shènzhì	*conj.*	even; so much so that	甚至连假期也不休息
7	次日	cìrì	*n.*	the next day	次日送达
8	送达	sòngdá	*v.*	deliver	按时送达
9	网购	wǎnggòu	*v.*	online shopping	网购商品
10	实物	shíwù	*n.*	entity; material object	看到实物
11	判断	pànduàn	*v.*	judge; decide	无法判断
12	参考	cānkǎo	*v.*	refer to; consult	参考书
13	评价	píngjià	*v.*	evaluate; appraise	评价一个人
14	货比三家	huòbǐsānjiā		shop around	最好货比三家
15	官网	guānwǎng	*n.*	official website	官网网站
16	口碑	kǒubēi	*n.*	public praise	口碑很好
17	付款	fùkuǎn	*v.*	pay	付款方式
18	支付宝	zhīfùbǎo	*n.*	Alipay	使用支付宝
19	绑定	bǎngdìng	*v.*	bind	绑定银行卡
20	联系	liánxì	*v.*	contact	联系人
21	商家	shāngjiā	*n.*	merchant	商家负责
22	客服	kèfú	*n.*	customer service	联系客服
23	合脚	héjiǎo	*v.*	fitting one's feet	不合脚
24	退款	tuìkuǎn	*v.*	refund	办理退款
25	事项	shìxiàng	*n.*	matter; items	相关事项
26	正规	zhèngguī	*adj.*	regular; normal	正规方式
27	泄露	xièlòu	*v.*	let out; divulge; leak	泄露密码
28	清楚	qīngchu	*adj.*	clear	了解清楚

场景：网购旅游鞋。

艾莉：我最近打算去旅行，想买双运动鞋。你有什么推荐的吗？

如礼：你喜欢到实体店买吗？实体店可以试穿，看看效果。

艾莉：喜欢啊。

如礼：那可以逛的商店太多了，南京路、淮海路、徐家汇都是大商圈，各种东西应有尽有，保证能买到你需要的商品。

艾莉：好的，改天我去逛逛，顺便熟悉一下上海的各个地方。

如礼：如果你想在网上买，也很方便。足不出户，就可以购买全国各地甚至世界各地的商品。要是你工作忙的话，在网上买也可以。

艾莉：网上买的话，多长时间能收到？

如礼：现在物流速度很快，本市一般当天或者次日就可送达，外省市的也只要两三天。

艾莉：不错，那我就在网上买吧，最近也确实比较忙。我还没在中国网购过呢，怎么购买呀？

如礼：你先在购物网上注册一个账户，然后就可以开始购买了。

艾莉：可是在网上只能看到商品的图片，看不到实物，很难判断商品的好坏，怎么办？

如礼：你可以参考别人对商品、价格、服务态度、售后服务的评价，然后自己再货比三家，找到最满意的商品。选中商品后，就可以下单了。

艾莉：能不能推荐几个常用的购物平台？

如礼：你可以去淘宝上某些品牌运动鞋的官网，还有京东、天猫等购物平台看看，比较一下产品的销量和口碑，再作选择。

艾莉：好的。怎么付款呢？

如礼：一般都是在网上付款，有的也可以货到付款。网上付款需要开通一下支付宝，绑定银行卡，设置支付密码，非常简单和方便，也比较安全。

艾莉：如果有问题的话，在网上怎么联系商家呢？

如礼：卖家都有客户服务人员，你可以跟客服交流。另外，物流方面，你可以选择收货时间，商家会跟你确认送货地址，快递员也会与你电话联系。你可以随时查看物流状况，了解物品实时的物流情况。

艾莉：好。因为不能试穿，如果鞋子不合脚或者有质量问题怎么办？

如礼：别担心，现在退货、换货很方便。联系客服以后，会帮你退款或换货。

艾莉：除此之外，还有什么注意事项吗？

如礼：要选择正规的网站购物，不要泄露自己的账号密码以及支付密码。

艾莉：非常感谢你的指导，我清楚了。

注释 Notes

1. 实体店 shítǐ diàn：是在一定的硬件设施（如营业场所）基础上建立起来的，地点相对固定的以营利为目的的商业机构。实体店是网络购物流行后出现的名词，与网络商店相对。
2. 商圈 shāngquān：多个相邻商业体（包括商铺、酒店、写字楼等）组成的区域。比如北京有王府井商圈、西单商圈、中关村商圈、三里屯商圈等，上海有陆家嘴商圈、南京路商圈、淮海路商圈、徐家汇商圈等。
3. 淘宝网 táobǎo wǎng：由阿里巴巴集团在2003年5月创立，是中国最大的网购零售平台。
4. 货比三家 huòbǐsānjiā：一般指在采购或交易过程中，对同样的货进行多家比较的过程。

Huídá Wèntí 回答 问题 Questions about the Text

1. 实体店购买商品和网上购买商品各有什么好处？
2. 网上购买的商品，多久能送到？
3. 网上购物，怎么判断商品的好坏？
4. 如礼推荐了哪些常用的购物平台？
5. 网上购物一定要在网上付款吗？
6. 怎样才能在网上付款？
7. 如果购买的商品有问题，怎么办？

Yǔfǎ Diǎn 语法 点 Grammar Focus

一、保证

作动词时，指担保做到，确保既定的要求和标准，不打折扣。作名词时，指作为担保的事物。

（1）你们一定要保证产品质量。
（2）我们保证按时完成任务。
（3）强健的身体是我们学习和工作的保证。

二、甚至

作连词时，表示更进一层的意思，常放在并列内容的最后一项之前，表示突出这一项。作副词时，强调突出的事例。例如：

（1）他不但平时努力学习，甚至周末都不休息。
（2）喜欢这种水果的人很多，有孩子，有年轻人，甚至还有七八十岁的老人。

(3) 刚来上海的时候，我甚至连“东方明珠”在哪儿都不知道。
(4) 这个问题太简单了，甚至三岁的孩子都能回答。

Cíyǔ Biànxī 词语辨析 Word Differentiation

一、二/两

1. 读数字2、数字12、数字122时，用“二”不用“两”。即作数字时，个位数和十位数的2，读“二”不读“两”。
2. 在多位数中，个、十前用“二”不用“两”，在百、千、万、亿前“二”“两”都可用，用“两”更口语化。如222(二百二十二/两百二十二)，22222(两万两千两百二十二/二万二千二百二十二)。例如：

(1) 我看到十二颗星星。
(2) 我读了两百本书。

3. 作序数词时，用“二”不用“两”，如第二名、第二次，不能说第两名、第两次。
4. 作基数词时，在传统的度量衡单位前“二”“两”都可用。如二斤酒/两斤酒，二里地/两里地，二亩田/两亩田，二升米/两升米，二尺布/两尺布。例如：

(3) 我买了二斤酒。/我买了两斤酒。

5. 作基数词时，新量词(非传统度量衡单位词)前一般用“两”。如两本书、两个人、两点钟、两件事。例如：

(4) 我和我的两个朋友一起过生日。(不说：我和我的二个朋友一起过生日。)
(5) 我有两张电影票。(不说：我有二张电影票。)

6. 二和三连用时，数目不超过十，一般用“两”不用“二”。如“两三个”，不说“二三个”。当超过十时，一般用“二”不用“两”，如“十二三个”“二三十个”“二三十万”，不说“十两三个”“两三十个”“两三十万”。
7. “两”可以用作概数，“二”无此用法。例如：

(6) 请您说两句吧。

8. “两”除了表示数量，也表示重量单位，“二”无此用法。“1两”等于50克。表示2个50克时，读“二两”，不读“两两”。例如：

(7) 她吃了一块四两的牛排。
(8) 我买了二两水饺。

二、评价/评论

“评价”，作动词时，表示“评定价值高低”的意思；作名词时，表示“评定的价值”的意思。“评论”作动词、名词，表示“批评或议论”的意思。二者区别在于“评价”“评论”的语义有所不同。“评价”是做出价值判断，有好坏对错；而“评论”是发表自己的观点看法，可以不做出是非对错的判断。“评价”可以用“很好、很高”等表程度的词语修饰，而“评论”则不可以。例如：

（1）老师高度评价了他为班级所做的事情。
（2）他的作品得到了很高的评价。
（3）这件事他做得怎么样，请大家评论评论。
（4）小王常常写一些文学评论。

三、确定/确认

"确定"，动词、形容词，表示"明确而肯定，明确地定下来"，带有"肯定""断定"的含义。可以做定语，也可以做谓语，后边的宾语既可以是具体的，也可以是抽象的。例如：

（1）我们应该尽快把会议时间确定下来。
（2）我现在没办法给你一个确定的答复。

"确认"，动词，表示"明确地承认（事实、身份、原则）"，带有"辨认""审核"的含义。一般不做定语，主要做谓语。例如：

（3）和平共处五项原则得到了国际社会的普遍确认。
（4）你的回程机票需要确认吗？

一、看图填空。According to the pictures, fill in the blanks with the words you have learnt in this lesson.

1. 一般是________付款，也可以货到付款。

A. 网络　　B. 网上　　C. 官网

2. 现在交通便利，________速度很快。

A. 退货　　B. 网络　　C. 物流

3. 如果鞋子不________怎么办?

A. 正规　　B. 试穿　　C. 合脚

4. 购买食品,一定要选择________的网站。

A. 正常　　B. 正规　　C. 规定

5. 网购有很多注意________。

A. 事件　　B. 事情　　C. 事项

二、选词填空。Complete the sentences with the right words.

A　实物　商圈　正规　口碑　事项

1. 广州市的北京路与天河两个________有竞争也有合作。
2. 这架放大镜把________放大了200倍。
3. 在年轻妈妈群里,这家公司的________比其他公司要好得多。
4. 老师将考试中的注意________重复了一遍。
5. 小乐接受了王老师________、系统的体能培训。

B　评价　保证　泄露　判断　参考

6. 我可以向你________,这个消息是可靠的。
7. 我们在________一个人时要看他的品德,不应以貌取人。

8. 出门要不要带伞，他是根据天气预报来________的。
9. 我的这几点意见仅供大家________。
10. 这次行动计划谁也不能________出去。

三、近义词填空。Complete the sentences with the right synonyms.

1. 饭店里坐着________位客人。
   A. 二　　　　B. 两
2. 能把电话给我一下吗？我就说三________句话。
   A. 二　　　　B. 两
3. 她买了十________个苹果。
   A. 二　　　　B. 两
4. 关于这本书的________，好坏都有。
   A. 评价　　　　B. 评论
5. 那些________家对他的作品乱说一通，他却完全不在意。
   A. 评价　　　　B. 评论
6. 我打电话________过了，他的包裹已收到。
   A. 确定　　　　B. 确认
7. 我不________他是否赞同我们的观点。
   A. 确定　　　　B. 确认

四、从两个句子中选出正确的句子。Choose the correct one from each pair of sentences below.

1. (　　)
   A. 网购很便宜，两三百元就可以买到一件衣服了。
   B. 二天以后，我们就出发了。
2. (　　)
   A. 你除了去官网，还可以去其他购物平台。
   B. 除了你去官网，还可以去其他购物平台。

五、用所给的词语完成句子或对话。Complete the dialogues or sentences with the words given.

1. A：你看过这个话剧了？怎么样？
   B：________________________________。（保证）
2. 你一定要努力啊，因为________________________________。（保证）
3. 他为工作付出了很多时间，________________________________。（甚至）
4. 小兰很喜欢吃冰激凌，________________________________。（甚至）

六、英译汉。Translate the sentences below into Chinese.

1. Stay at home, and you can buy all kinds of goods from different places.

____

2. You can refer to others' evaluation on the goods, prices, service attitude, after-sales service, and you had better compare among more shops.

____

3. Do you have any recommended shopping platform?

____

4. In addition to that, are there any other precautions?

____

5. Choose a regular website to shop, and do not leak your account password and payment password.

____

Běnkè Huígù 本课 回顾 Looking Back

一、关键句填空。Complete the key sentences.

1. 足不出户，就可以购买全国各地________世界各地的商品。
2. 现在________速度很快，本市一般当天或者次日就可送达。
3. 你可以________别人对商品、价格、服务态度、售后服务的________，然后再货比三家。
4. 能不能________几个常用的购物________？
5. 除此之外，还有什么注意________？
6. 要选择正规的网站购物，不要________自己的账号________以及支付密码。

二、如礼的日记。Please help Ruli finish his diary using the words given.

参考　口碑　密码　事项　推荐　销量　泄露　正规

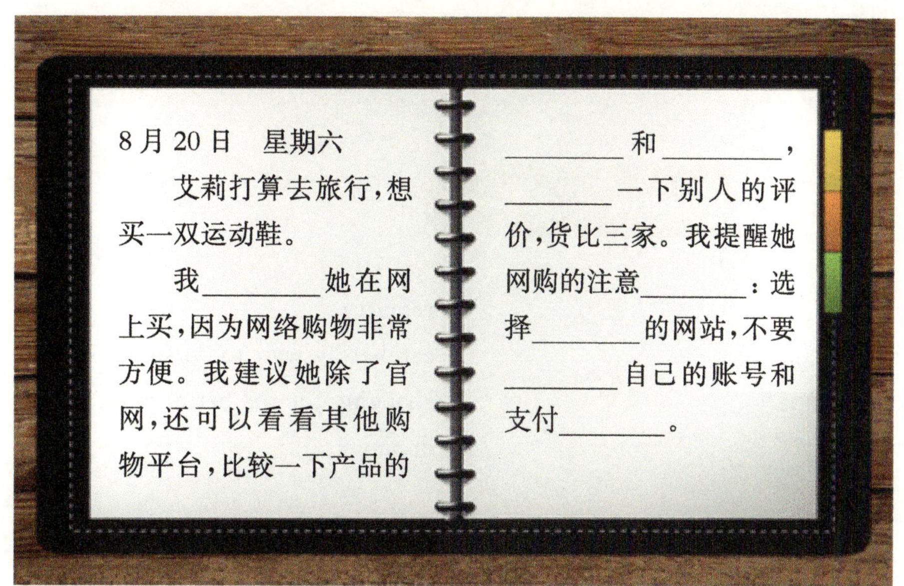

8月20日　星期六

艾莉打算去旅行，想买一双运动鞋。

我________她在网上买，因为网络购物非常方便。我建议她除了官网，还可以看看其他购物平台，比较一下产品的________和________，________一下别人的评价，货比三家。我提醒她网购的注意________：选择________的网站，不要________自己的账号和支付________。

Jiāoliú Lùntán 交流论坛 Forum

1. 说一说你更喜欢哪种购物方式，网络购物还是实体店购物？为什么？

2. 你曾经在哪些购物平台上买过东西？谈谈你的一次网购经历。

Qīngsōng Yíkè 轻松一刻 Fun Time

改　嫁

买家：我在你的店里买了商品，你快点改嫁（改价）好不好，我等不及了。

卖家：？

买家：快点，你改嫁（改价）我就付款了。

卖家：你别做梦了！你先问问我老公。

Bǔchōng Shēngcí 补充生词 Supplementary Words

1. 改嫁 gǎijià	*v.*	remarry
2. 等不及 děngbùjí		can hardly wait to do something
3. 改价格 gǎi jiàgé		changing for the better price
4. 做梦 zuòmèng	*v.*	dream

Tuòzhǎn Yuèdú
拓展 阅读 Extensive Reading

网络经济

随着信息时代的来临，网络的广泛普及，经济也发生了很大的变革，人们开始步入网络经济时代。

网络经济是指建立在计算机网络基础上的生产、分配、交换和消费的经济关系。它以信息为基础，以计算机网络为依托，以生产、分配、交换和消费网络产品为主要内容，以高科技为支持，以知识和技术创新为灵魂。从经济形态上，它是信息经济或知识经济的主要形式，又称数字经济。

网络经济是知识经济的一种具体形态，这种新的经济形态正以极快的速度影响着社会经济与人们的生活。与传统经济相比，网络经济具有以下显著的特征：快捷性、高渗透性、自我膨胀性、边际效益递增性、外部经济性、可持续性和直接性。

网络经济有着与传统经济迥然不同的特征、原理和规律。在网络经济时代，市场竞争在全球范围内进行，市场呈现出瞬息万变之势。企业必须顺应环境的变化，采取全新的竞争原则和竞争策略，才有可能在激烈的竞争中取胜。

你在网上买过东西吗？网络经济有没有改变你的生活？

Dì shí kè　Lǚ xíng jì huà
第十课　旅行计划
wǒ men yì qǐ qù běi jīng lǚ xíng ba
——我们一起去北京旅行吧

Lesson 10　Travel plans — Let's take a trip to Beijing

Běnkè Dǎoháng
本课　导航
Lesson Navigation

课文学习：
1. 北京的重要景点
2. 旅游攻略

语法学习：
1. 与其……不如……、不妨……、ABAB式动词“欣赏欣赏”
2. 享受/享用、体验/体会

拓展阅读： 黄山

1. 天安门广场有阅兵仪式，我们可以去感受一下首都的国庆气氛。
2. 我不想去凑热闹。与其人挤人，不如找一个人少的时候去。
3. 听朋友推荐过，北京必去的景点有长城、故宫、天安门广场和颐和园。
4. 现在刚好是秋天，我们不妨去欣赏欣赏香山的红叶。
5. 真是一份完美的旅游攻略，我都迫不及待了！

Shēngcí 生词 New Words

序号 No.	生词 New Words	拼音 Pinyin	词性 Part of Speech	英语注释 English	补充用法 Supplementary Usage
1	阅兵	yuèbīng	*v.*	review troops	阅兵仪式
2	仪式	yíshì	*n.*	rite; ceremony	结婚仪式
3	人山人海	rénshānrénhǎi		crowded conditions; huge crowds of people	到处人山人海
4	与其	yǔqí	*conj.*	it is better to; rather than	与其……不如……
5	利用	lìyòng	*v.*	utilize; take advantage of	利用资源
6	年假	niánjià	*n.*	annual leave; annual vacation	休年假
7	享受	xiǎngshòu	*v.*	enjoy	享受美好时光
8	带薪	dàixīn	*v.*	paid holiday	带薪休假
9	事假	shìjià	*n.*	leave for personal affairs	请事假
10	出行	chūxíng	*v.*	trip; go on a long journey	出行注意事项
11	例会	lìhuì	*n.*	regular meeting; regular session	开例会
12	攻略	gōnglüè	*n.*	strategy	旅游攻略
13	景点	jǐngdiǎn	*n.*	scenic spots	著名景点
14	故宫	gùgōng	*n.*	the Imperial Palace	故宫博物院
15	颐和园	yíhéyuán	*n.*	the Summer Palace	游览颐和园
16	隆重	lóngzhòng	*adj.*	solemn; ceremonious	隆重的仪式
17	升旗	shēngqí	*v.*	raise a flag	升旗仪式
18	周到	zhōudào	*adj.*	considerate	服务周到
19	不妨	bùfáng	*adv.*	might as well	不妨一试
20	欣赏	xīnshǎng	*v.*	appreciate; enjoy	欣赏舞蹈
21	体验	tǐyàn	*v.*	experience	亲身体验
22	民宿	mínsù	*n.*	homestay	体验民宿
23	气息	qìxī	*n.*	breath; odor; smell	青春的气息
24	浓	nóng	*adj.*	thick; dense	风味浓郁
25	共享	gòngxiǎng	*v.*	share	共享单车
26	胡同	hútong	*n.*	alley; lane	老胡同
27	四合院	sìhéyuàn	*n.*	quadrangle dwellings	参观四合院
28	迫不及待	pòbùjídài		can't wait; in haste	迫不及待要看

Duìhuà 对话 Dialogue

场景：周末讨论旅游。

如礼：艾莉，这双运动鞋不错，是上次网购的吗？

艾莉：是啊，穿着很舒服，我打算穿着它去旅行。听说北京的秋天很美，咱们一起去北京旅行吧！

如礼：好啊！国庆节小长假，咱们一起去吧。听说天安门广场还有阅兵仪式，我们可以去感受一下首都的国庆气氛。

艾莉：国庆节到处人山人海的，北京就更别提了，我可不想去凑热闹。与其人挤人，不如找一个人少的时候去。

如礼：那你想什么时候去？周末的话，两天时间肯定不够。

艾莉：我想这个月底去，咱们利用双休日，再请上三天年假，怎么样？

如礼：我入职不满一年，还不能享受带薪年假呢。

艾莉：哎呀，对不起，我忘了你没有年假这件事了。那怎么办？

如礼：我倒可以请事假，不过，我得提前填写《请假单》，经理同意后才行。今天咱们先把出行日期定下来。

艾莉：你提醒我了，我也得赶快向公司申请年假。

如礼：艾莉，你现在一年有几天年假？

艾莉：五天呀。在我们公司，工作已满一年但不满十年的，每年可以带薪休假五天，工作十年以上可以休假十天。如礼，咱们 28 号出发怎么样？

如礼：28 号？你稍等，我看一下。28 号是星期三，我们部门有个例会，这次讨论的内容很重要，我不太好请假。29 号出发怎么样？

艾莉：也可以呀。咱们一起去哪些地方呢？我们先做一个攻略吧。

如礼：听朋友推荐过，北京必去的景点有长城、故宫、天安门广场和颐和园。

艾莉：好啊！“不到长城非好汉”，咱们一定要先去爬长城，第二天咱们去故宫，了解中国古代的历史和文化。

如礼：天安门广场早上有隆重的升旗仪式，我们可以一早去看升旗，然后去故宫参观。有时间的话，还可以去对面的景山公园逛一下。

艾莉：还是你想得周到。对了，现在刚好是秋天，我们不妨去欣赏欣赏香山的红叶。

如礼：好啊！为了更好地体验北京人的生活，我建议订一家民宿。我们可以住在后海附近，那里的文化气息很浓，京味儿也很足。

艾莉：好主意。有时间的话，我们还可以骑共享单车逛胡同，参观四合院。

如礼：真是一份完美的旅游攻略，我都迫不及待了！

注释 Notes

1. 不到长城非好汉 búdàochángchéngfēihǎohàn：不登上长城绝不是英雄。比喻不能克服困难、达到目的，就不是英雄豪杰。
2. 阅兵仪式 yuèbīng yíshì：受阅部队列队从检阅台前通过，接受阅兵者检阅的一种仪式。
3. 天安门广场 tiān'ānmén guǎngchǎng：位于北京市中心，是世界上最大的城市广场。

4. 民宿 mínsù：民宿主人利用自己的闲置资源，为游客提供体验当地自然、文化与生产生活方式的小型住宿设施。不同于传统的饭店旅馆，民宿一般没有高级奢华的设施。
5. 胡同 hútong：是指主要街道之间的比较小的街道，一直通向居民区的内部。北京一般称小街道为胡同，上海一般称为巷、里或弄。

Huídá Wèntí 回答问题 Questions about the Text

1. 如礼本来想什么时候去北京？为什么？
2. 艾莉想什么时候去北京？为什么？
3. 如礼有年假吗？为什么？
4. 关于年假，艾莉他们公司有什么规定？
5. 他们这次旅游有哪些行程安排？
6. 他们打算怎么安排住宿？为什么这么安排？

Yǔfǎ Diǎn 语法点 Grammar Focus

一、与其……不如……

表示取舍关系。意思是“不选择前者，选择后者”。

(1) 与其坐公共汽车去，不如坐地铁去。
(2) 与其等着别人帮助，不如自己想想办法。
(3) 我们与其在家闲着，不如去图书馆看书。

二、不妨

副词，表示可以这样做，做错了或做得不好也没关系。

(1) 成功了更好，失败了也没什么，所以不妨试一下。
(2) 想不出问题的答案时，不妨跟同学讨论一下。
(3) 关于这个问题，你不妨听听他的建议。

三、欣赏欣赏

ABAB式的动词，是由一个双音节动词重复而来，语法意义上表示时量短、动量小。句子中有表示长时间的词语时，不用ABAB式的动词。例如：

(1) 刚好现在是秋天，我们不妨去欣赏欣赏香山的红叶。
(2) 关于旅行攻略，我们可以一起商量商量。
(3) 这次去法国，我打算用一整天时间参观卢浮宫。

另外，ABAB式的动词比较口语化。用在正式场合的句子，如会议、演讲，一般不用ABAB式的动词。例如：

（4）听说你升职了，我们一起吃顿饭，喝点酒，庆祝庆祝。

Cíyǔ Biànxī 词语 辨析 Word Differentiation

一、享受/享用

“享受”，动词，表示“物质上或精神上得到满足”的意思，“享用”作动词，表示“使用或食用某种东西而得到精神上的满足”的意思。二者的区别在于：享受的对象可以是物质的也可以是精神的；享用的对象一般是物质的。例如：

（1）工作以后再来学习，他享受到了学习的乐趣。
（2）当你享用美食的时候，你就已经在享受生活了。
（3）夏日的清晨，他喜欢独自坐在院子里享用早餐。
（4）大厅里的沙发、电话、茶水，都是供大家享用的。

二、体验/体会

“体验”，动词，表示“在实践中认识周围的事物、亲身经历”的意思，“体会”，动词、名词，表示“体验领会、领会到”的意思。二者的区别在于：“体验”强调的是通过实践、行动去认识事物；“体会”强调把体验到的东西上升为理性的思考，用头脑去了解别人的心理和事物的道理等。例如：

（1）作家只有深入地体验生活，才能写出更好的作品。
（2）如果你想体验中国的传统文化，这里是很值得参观的一个地方。
（3）今天上课时，同学们都谈了自己学习汉语的体会。
（4）工作以后，我深深地体会到了父母的辛苦。

Liànxí 练习 Exercise

一、看图填空。According to the pictures, fill in the blanks with the words you have learnt in this lesson.

1. 自己去旅行之前最好做好________。

A. 推荐　　B. 攻略　　C. 预定

2. 这里正在举行________的欢迎仪式。

A. 沉重　　B. 浓重　　C. 隆重

3. 国庆节天安门广场有升旗________。

A. 文化　　B. 仪式　　C. 礼仪

4. 秋天可以________红叶。

A. 欣喜　　B. 欣赏　　C. 赏花

5. 她________想要马上出发去旅行。

A. 迫不及待　　B. 一心一意　　C. 小心翼翼

二、选词填空。Complete the sentences with the right words.

A

1. 我们可以去故宫，________中国古代的历史和文化。

   A. 欣赏欣赏　　　　B. 了解了解

2. 朋友推荐去天安门广场________国庆气氛。

   A. 感受感受　　　　B. 庆祝庆祝

3. 明天就要出发去旅行了，你________行李。

   A. 收拾收拾　　　　B. 收拾

4. 明天一整天，公司安排员工________博物馆。

   A. 参观参观　　　　B. 参观

B　凑热闹　利用　出行　例会　与其

5. 我们________假期去四川旅游了一趟。
6. ________浪费时间，不如做点有意义的事。
7. 这里的交通四通八达，给大家的________带来了极大方便。
8. 这个周三的________被取消了。
9. 广场上有人在放风筝，许多人过去观赏，我也要去________。

C　周到　隆重　景点　不妨　攻略

10. 我把武汉二日游的________分享给大家。
11. 跟着旅行团出游，每个________都只能走马看花，不能仔细欣赏。
12. 我校________地举行了建校100周年的庆祝活动。
13. 她工作热情，服务________，受到人们的好评。
14. 你们________把讨论会推迟到下个星期。

三、近义词填空。Complete the sentences with the right synonyms.

1. 作家和艺术家应当经常深入到群众中去________生活。

   A. 体验　　　　B. 体会

2. 在班里，我深深________到老师的温暖和同学们的情谊。

   A. 体验　　　　B. 体会

3. 之所以你的文章写不好，是因为你没有用心去________生活，感悟万物。

   A. 体验　　　　B. 体会

4. 有会员证可________八折优惠。

   A. 享受　　　　B. 享用

5. 一条小鱼在水中游来游去，________着午后的阳光。

   A. 享受　　　　B. 享用

6. 孩子们做了面包和其他食品，并请他们的家长到学校来________。

   A. 享受　　　　B. 享用

四、从两个句子中选出正确的句子。Choose the correct one from each pair of sentences below.

1. (　　)

   A. 咱们一定要去爬长城，因为"不到长城是好汉"。

   B. 咱们一定要去爬长城，因为"不到长城非好汉"。

2. (　　)

   A. 现在刚好是秋天，不妨去欣赏香山的红叶。

   B. 现在刚好是秋天，不要去欣赏香山的红叶。

五、用所给的词语完成句子或对话。Complete the dialogues or sentences with the words given.

1. A：我担心将来找不到工作。

   B：________________________________(与其……不如……)

2. A：我打算等待别人的帮助。

   B：________________________________(与其……不如……)

3. A：他遇到了一个问题，不知道应该怎么办。

   B：________________________________(不妨……)

4. A：这条路走不通。

   B：________________________________(不妨……)

六、英译汉。Translate the sentences below into Chinese.

1. According to my friends' recommendation, the must-go attractions of Beijing are the Great Wall, the Forbidden City, Tian'anmen Square and the Summer Palace.

   ____

2. There will be a grand flag-raising ceremony in the Tian'anmen Square, and there also might be a military parade. We can go there and feel the atmosphere of the National Day in the capital city.

   ____

3. It is just the fall season. So we might enjoy the leaves of Xiangshan as well.

   ____

4. It is really a perfect travel plan. I can not wait any more!

   ____

Běnkè Huígù 本课回顾 Looking Back

一、关键句填空。Complete the key sentences.

1. 天安门广场有阅兵________，我们可以去________一下首都的国庆气氛。
2. 我不想去________。________人挤人，不如找一个人少的时候去。
3. 听朋友________过，北京必去的________有长城、故宫、天安门广场和颐和园。

4. 现在刚好是秋天，我们________去欣赏欣赏香山的红叶。
5. 真是一份完美的旅游________，我都迫不及待了！

二、如礼的日记。Please help Ruli finish his diary using the words given.

共享　胡同　隆重　民宿　迫不及待　气氛　气息　四合院　推荐　仪式

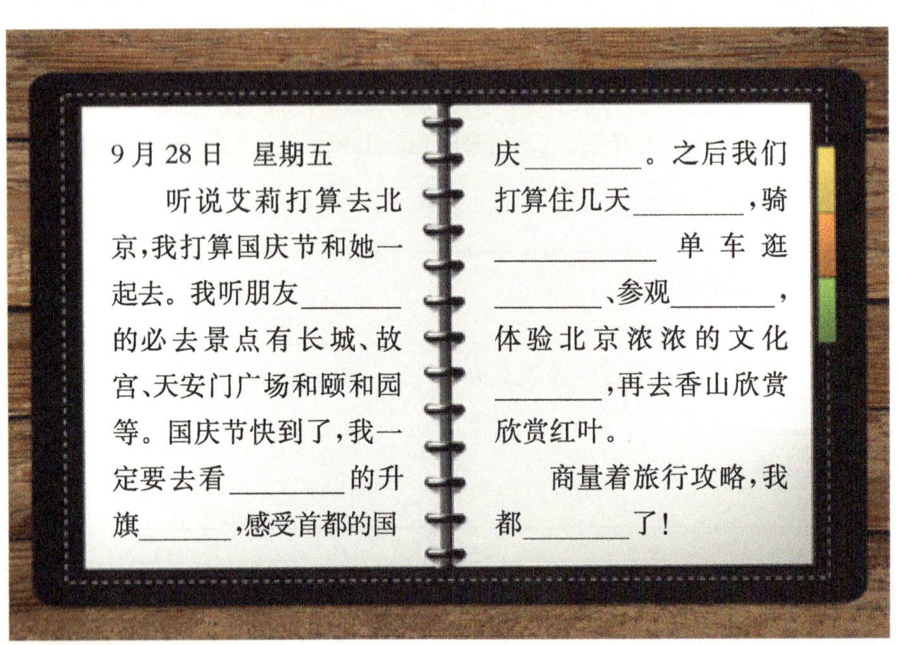

9月28日　星期五

听说艾莉打算去北京，我打算国庆节和她一起去。我听朋友________的必去景点有长城、故宫、天安门广场和颐和园等。国庆节快到了，我一定要去看________的升旗________，感受首都的国庆________。之后我们打算住几天________，骑________单车逛________、参观________，体验北京浓浓的文化________，再去香山欣赏欣赏红叶。

商量着旅行攻略，我都________了！

1. 你喜欢旅行吗？为什么？说说你最难忘的一次旅行经历。

2. 如果你去北京，你打算什么季节去，去哪些地方，做什么，吃什么，住在哪里？

Qīngsōng Yíkè 轻松 一刻 Fun Time

一位导游带领游客参观博物馆时说："这块化石已经有两万零九年的历史了。"

有一个人问："你怎么能知道得这么清楚呢？"

"这很简单，"导游回答，"我在这里工作了九年。我刚来时，它已有两万年的历史了。"

Bǔchōng Shēngcí 补充 生词 Supplementary Words

1. 导游 dǎoyóu　*n.*　tour guide
2. 博物馆 bówùguǎn　*n.*　museum
3. 化石 huàshí　*n.*　fossil
4. 历史 lìshǐ　*n.*　history

Tuòzhǎn Yuèdú 拓展 阅读 Extensive Reading

黄　山

中国有句话叫："五岳归来不看山，黄山归来不看岳。"意思是说，你去了黄山以后，就不想再去看别的山了。

黄山位于风景秀丽的安徽南部，是中国著名的十大风景名胜之一，有"天下第一奇山"之称。黄山原名"黟(yī)山"，因山峰岩石多为青黑色而得名。后因传说轩辕黄帝曾在此炼丹，故改名为"黄山"。黄山的代表景观有"四绝三瀑"。"四绝"为奇松、怪石、云海、温泉；"三瀑"为人字瀑、百丈泉、九龙瀑。

黄山风景区面积约 1200 平方千米，区内有名可指的共有 72 峰，其中大峰、小峰各为 36 个。天都峰、莲花峰、光明顶是黄山三大主峰，海拔皆在 1800 米以上，其中以莲花峰最高，海拔 1860 米。

黄山以变取胜，一年四季景色各异，山上山下不同天。独特的花岗岩峰林，遍布的峰壑，千姿百态的黄山松，惟妙惟肖的怪石，变幻莫测的云海，构成了黄山静中有动、动中有静的巨幅画卷。

黄山是一个蜚声海内外的旅游胜地，如果你还没去过黄山，可以把它作为下一个旅游目的地哦！

Dì shí yī kè　Qǐ yè fā zhǎn zhàn lüè——wǒ men xū yào zhì dìng yí gè cháng yuǎn de fā zhǎn guī huà
第十一课　企业发展战略——我们需要制定一个长远的发展规划

Lesson 11　Business development strategy — We need to make a long-term development plan

Běnkè Dǎoháng
本课　导航
Lesson Navigation

课文学习：

1. 企业发展现状
2. 企业未来发展

语法学习：

1. 尤其、归根到底、各自
2. 形成/建立、规划/计划、开拓/开发、需要/需求

拓展阅读： 全球化

1. 我们需要制定一个长远的发展规划。
2. 我提议我们去西安、兰州实地考察一下。
3. 现在企业之间竞争日益激烈，其实归根到底是人才的竞争。
4. 你们回来的时候，各自提交一份详细的考察报告。
5. 同时我们也要重视人才的引进，尤其是科技创新人才、金融管理人才。

Shēngcí 生词 New Words

序号 No.	生词 New Words	拼音 Pinyin	词性 Part of Speech	英语注释 English	补充用法 Supplementary Usage
1	取得	qǔdé	*v.*	obtain; acquire	取得成绩
2	形成	xíngchéng	*v.*	form	形成过程
3	领跑	lǐngpǎo	*v.*	take the lead in race	长期领跑
4	挑战	tiǎozhàn	*v./n.*	challenge/the challenge	面对挑战
5	激烈	jīliè	*adj.*	vehement; fierce; violent	激烈的争吵
6	饱和	bǎohé	*v.*	saturate	市场饱和
7	面临	miànlín	*v.*	be faced with; be confronted with	面临难题
8	长远	chángyuǎn	*adj.*	long-term; long-range	长远计划
9	调查	diàochá	*v./n.*	investigate; survey	调查研究
10	潜力	qiánlì	*n.*	potential; latent capacity	挖掘潜力
11	实地	shídì	*adv./n.*	in real earnest; on the spot/actual place	实地考察
12	考察	kǎochá	*v.*	investigate; inspect	出国考察
13	投资	tóuzī	*v.*	invest	投资海外
14	需求	xūqiú	*n.*	demand; need; requirement	需求量
15	各自	gèzì	*pron.*	respectively	各自努力
16	提交	tíjiāo	*v.*	submit; present	提交申请
17	报告	bàogào	*n.*	report	学术报告
18	日益	rìyì	*adv.*	increasingly	日益寒冷
19	归根到底	guīgēndàodǐ	*adv.*	in the final analysis; after all	归根到底是人才的竞争
20	主动权	zhǔdòngquán	*n.*	the initiative power or right to take action	掌握主动权
21	不败之地	búbàizhīdì	*n.*	an invincible position	立于不败之地
22	激励	jīlì	*v.*	stimulate; encourage; inspire	激励自己
23	力度	lìdù	*n.*	intensity; power	改革力度
24	引进	yǐnjìn	*v.*	introduce from elsewhere; recommend; bring in	引进资金

（续表）

序号 No.	生词 New Words	拼音 Pinyin	词性 Part of Speech	英语注释 English	补充用法 Supplementary Usage
25	尤其	yóuqí	*adv.*	particularly; especially	尤其是
26	创新	chuàngxīn	*v.*	innovate; bring forth new ideas	创新人才
27	金融	jīnróng	*n.*	finance; banking	金融行业
28	开发	kāifā	*v.*	exploit; develop	开发区
29	持续	chíxù	*v.*	continue; sustain; last	持续高温
30	稳定	wěndìng	*v./adj.*	stabilize/stable; steady	稳定下来 稳定的状态
31	核心	héxīn	*n.*	kernel; core	核心竞争力
32	模仿	mófǎng	*v.*	imitate; simulate	模仿大人
33	超越	chāoyuè	*v.*	surpass; transcend	超越自我

场景：谈发展战略。

李经理：我们公司在本地发展了二十年，取得了很大的成绩。我们建立起了自己的声誉，形成了一定的规模，已成为本行业的领跑者。但目前我们也遇到了一些挑战。

张　丽：什么挑战？具体是怎么样的？

李经理：主要是市场、人才和产品方面。

如　礼：现在竞争越来越激烈，本地的市场也已基本饱和，很难再有大的发展。

李经理：公司下一步是继续在本地区发展，还是寻找和开拓新的市场？这是我们面临的一个问题。我们需要制定一个长远的发展规划。

张　丽：我觉得我们应该开拓新的市场。公司有没有调查过新的市场？

李经理：还没有。

如　礼：北上广深目前的市场发展空间较小，二三线城市有很大的潜力。西部地区也是一个很大的市场，我们可以开拓一下西部地区的市场。

张　丽：是的。我提议我们去西安、兰州实地考察一下。

李经理：好。下月初，张丽去西安，如礼去兰州。你们去那里考察一下，主要了解那里的投资环境、竞争状况、市场需求等情况，回来的时候，各自提交一份详细的考察报告。

张　丽：好的。

李经理：现在企业之间的竞争日益激烈，其实归根到底是人才的竞争。

如　礼：是的，拥有优秀的人才，就获得了竞争的主动权，就会在激烈的竞争中立于不败之地。

张　丽：我们公司已经有很多优秀人才了。如果我们能给他们提供更好的工作条件和职业发展空

间，一定可以激励大家更好地为公司服务，实现个人和公司的发展目标。

如 礼：没错儿，公司应该给员工提供学习机会，加大培训力度。

张 丽：同时我们也要重视人才的引进，尤其是科技创新人才、金融管理人才。

李经理：是啊，创新很重要，下一步我们确实需要招聘科技创新人才。如果能持续不断地进行产品创新，开发出适合市场需求的新产品，我们的企业就能实现持续稳定的发展。

如 礼：解决了市场、人才和产品问题，我们企业的核心竞争力就能得到提升，就不容易被对手轻易模仿和超越。

注释 Notes

1. 北上广深 běi shàng guǎng shēn：是指中国大陆经济实力最强的四座城市：北京、上海、广州、深圳。这四座城市的综合实力在中国大陆处于最领先的层次，因此又被广泛称作“一线城市”。
2. 二三线城市 èrsān xiàn chéngshì：二线和三线城市的合称。二线城市多为省会城市、副省级城市、东部地区的经济强市或经济发达的区域性中心城市。三线城市多为东部地区经济较发达的地级市，中部地区的省域副中心城市、区域中心城市或经济强市，西部地区的省会城市。
3. 核心竞争力 héxīn jìngzhēnglì：是一个企业(人才、国家或者参与竞争的个体)能够长期获得竞争优势的能力。是企业所特有的、能够经得起时间考验的，并且是竞争对手难以模仿的技术或能力。

Huídá Wèntí 回答 问题 Questions about the Text

1. 他们公司取得了什么成绩？
2. 他们公司遇到了什么挑战？
3. 他们遇到的市场方面的挑战是什么？
4. 他们打算怎么应对市场方面的挑战？
5. 他们打算怎么应对人才方面的挑战？
6. 他们打算怎么应对产品方面的挑战？

Yǔfǎ Diǎn 语法 点 Grammar Focus

一、尤其

副词，表示在全体事物中或跟其他事物比较时特别突出，常用在后一个句子中。例如：

(1) 南方天气比较潮湿，尤其是梅雨季节。
(2) 上班族每天都很忙，尤其是周一。
(3) 我喜欢看小说，尤其喜欢历史小说。

二、归根到底

归结到根本上，表示事情或情况的根本之处，做状语。例如：

(1) 天太热、人太多，都不是真正的原因，归根到底是你不想去。
(2) 科技的竞争，归根到底是人才的竞争。
(3) 学习成绩不理想，归根到底是你不努力的结果。

三、各自

代词，“各人自己、各方中的每一方”，做定语或状语。做定语时常常加“的”。例如：

(1) 放假了，同学们都回各自的家乡去了。
(2) 大家都有各自的兴趣爱好。
(3) 你们两个小组既要各自努力，又要互相帮助。

Cíyǔ Biànxī 词语辨析 Word Differentiation

一、形成/建立

“形成”，表示“通过发展变化而成为某种事物或出现某种情况”。建立，表示“开始成立或产生”。一般指通过努力才有的结果。例如：

(1) 他慢慢形成了自己的看法。
(2) 一个爱静，一个爱动，两个孩子形成了鲜明的对比。
(3) 建立这家公司花了好几年的时间。
(4) 为了做到这一点，你一定要建立起自信。

二、规划/计划

都是指“做事情之前的打算”。二者的区别在于，“规划”指“长远的、全面的发展计划”，如：十年规划，职业规划。另外，规划还指设计(design)大工程(big project)，如：城市规划。而“计划”一般指“最近的打算”，如：周计划。

(1) 他们画出了城市规划图。
(2) 这就是我的事业规划。
(3) 同学们详细研究了六一儿童节的活动计划。
(4) 这个计划的具体细节还需要讨论。

三、开拓/开发

“开拓”，动词，“开辟，扩展”的意思，多指“扩展，从小到大发展”，对象一般是抽象事物。如：开拓市场，开拓新世界，开拓新天地。“开发”，动词，表示“以土地等自然资源为对象进行劳动，以达到利用目的”“发现人才、技术等供利用”，多指“从无到有地发现、发展”。宾语包括的范围很广，对象可以是资源、矿山、水力、人才等。例如：

(1) 老师鼓励我们通过阅读开拓视野。
(2) 在科学研究方面，需要的是创新精神，要不断开拓进取。
(3) 这个公司又开发了一种新产品。
(4) 中国西部大开发带动了西部经济的发展。

四、需要/需求

“需要”，作动词时，表示“应该有或必须有”；作名词时，表示“对事物的欲望或要求”。“需求”，名词，由需要而产生的要求。

二者的区别在于：“需要”一般指因为“缺乏”而想要获得满足的感受状态，是一种客观上的要求，比如“人需要空气，需要水”；“需求”一般是指人们有能力购买并且愿意购买某个具体商品的欲望；比如“市场需求、用户需求”。

(1) 他太累了，需要休息一下。
(2) 花草树木都需要水和阳光。
(3) 市场对智能手机的需求量很大。
(4) 只有了解客户的需求，才能设计出更好的产品。

一、看图填空。According to the pictures, fill in the blanks with the words you have learnt in this lesson.

1. 在您________这份表格之后，我们的客服经理会尽快联络您。

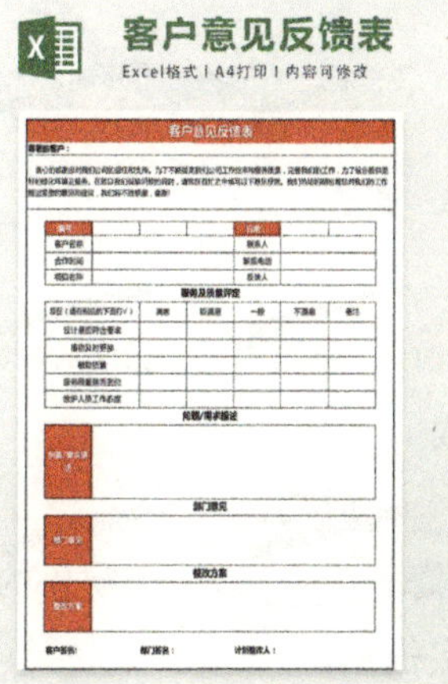

A. 提交　　　　B. 提供　　　　C. 提出

2. 不同企业之间的竞争越来越________。

A. 热情　　B. 热烈　　C. 激烈

3. 这次部门会议上，我们________了下周的工作计划。

A. 制定　　B. 打算　　C. 培训

4. 他们公司发展得很好，已经成为食品行业的________了。

A. 竞争者　　B. 领跑者　　C. 失败者

5. 公司安排我们明天去做一个市场________。

A. 查看　　B. 调查　　C. 计划

二、选词填空。Complete the sentences with the right words.

A　形成　取得　领跑　开发　挑战

1. 在人生的舞台上，我们都想________成功。
2. 每年国庆节，天安门广场人山人海，________一个欢乐的海洋。
3. 总是一个人在前面________确实很累。
4. 我向他________，要跟他下一盘棋。

5. 我们开始________一个新的工业区。

B 考察 持续 提交 超越 激励

6. 他们到喜马拉雅山去________了一次。
7. 在马拉松竞赛中，她一连________了好几个人，夺得了冠军。
8. 正是有了好朋友的________和帮助，我才会一直向前。
9. 下周三是论文________的最后日期。
10. 这场降雨一连________了三天。

C 饱和 稳定 核心 潜力 激烈

11. ________的比赛开始了。
12. 物价始终保持________。
13. 就洗衣机的销售来说，市场供应已经________。
14. 你有那么多的智慧、才能和________，不去大城市发展真是可惜了。
15. 总经理是公司的________人物。

三、近义词填空。Complete the sentences with the right synonyms.

1. 听说他一毕业就________了自己的公司。
   A. 形成　　B. 建立
2. 这里的风景是天然________的。
   A. 形成　　B. 建立
3. 下班后你有什么________吗？
   A. 规划　　B. 计划
4. 早一点确定职业发展________有利于职业发展。
   A. 规划　　B. 计划
5. 我们________大批懂技术的人。
   A. 需要　　B. 需求
6. 我们公司将千方百计满足客户的________。
   A. 需要　　B. 需求
7. 我们要努力奋斗，________属于自己的美好未来。
   A. 开拓　　B. 开发
8. 父母应该注意________孩子的创造力。
   A. 开拓　　B. 开发

四、从两个句子中选出正确的句子。Choose the correct one from each pair of sentences below.

1. (　　)
   A. 我不太同意这个提议。
   B. 我觉得不错提议。

2.（　　）

A. 看起来他的心情状况不太好。

B. 他的身体状况一直不太好。

五、用所给的词语完成对话。Complete the sentences with the words given.

1. 爷爷有很多爱好，____________________。（尤其）
2. 他的各门功课都很好，____________________。（尤其）
3. 请同学们谈一谈____________________。（各自）
4. 大会还没开始，代表们就____________________。（各自）
5. 这道题你为什么做错？____。（归根到底）
6. 我不能去国外旅游，没有时间是一个原因，但____________________。（归根到底）

六、英译汉。Translate the sentences below into Chinese.

1. The local market is already saturated, and we need to find and develop new markets.

   ____

2. In the face of the fierce competition, we have to find a coping strategy and make a long-term development plan.

   ____

3. Second and third tier cities have great potential.

   ____

4. At present we have encountered some challenges.

   ____

5. We should attach importance to the introduction of talents.

   ____

Běnkè Huígù 本课 回顾 Looking Back

一、关键句填空。Complete the key sentences.

1. 我们需要制定一个________的发展规划。
2. 我提议我们去西安、兰州________考察一下。
3. 现在企业之间的竞争日益________，其实________是人才的竞争。
4. 你们回来的时候，各自提交一份详细的________报告。
5. 同时我们也要重视人才的________，尤其是科技创新人才、金融管理人才。

二、如礼的日记。Please help Ruli finish his diary using the words given.

开拓　挑战　报告　安排　成绩　实地　饱和　发展

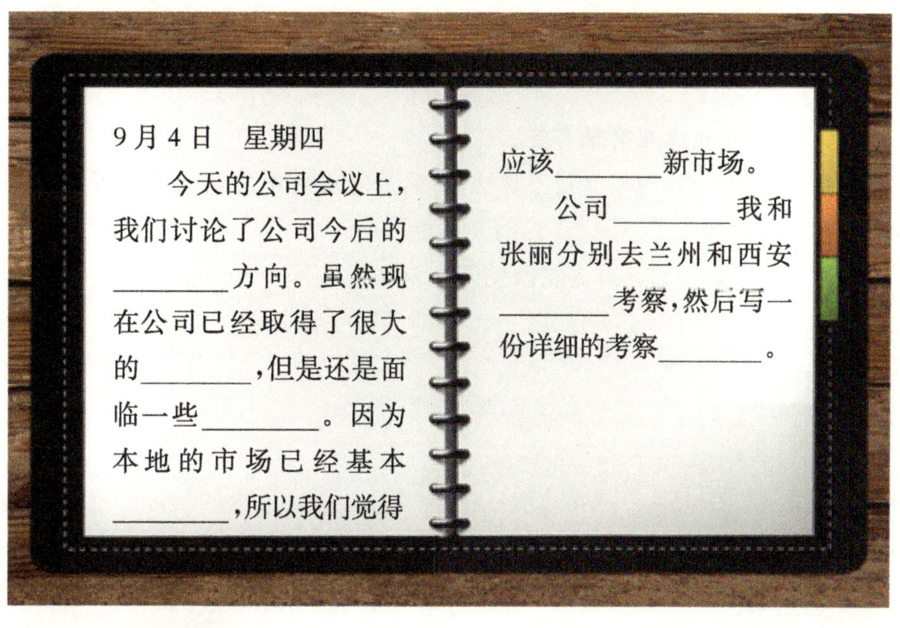

9月4日　星期四

今天的公司会议上，我们讨论了公司今后的________方向。虽然现在公司已经取得了很大的________，但是还是面临一些________。因为本地的市场已经基本________，所以我们觉得应该________新市场。

公司________我和张丽分别去兰州和西安________考察，然后写一份详细的考察________。

Jiāoliú　Lùntán
交流 论坛　Forum

1. 你了解你们公司的发展现状吗？

____

____

____

____

____

____

2. 你对公司现在的发展有什么建议吗？对公司未来的规划你怎么看？

____

____

____

____

____

____

Qīngsōng Yíkè 轻松 一刻 Fun Time

公司开会，两个员工在有说有笑。

老板瞪了她们一眼，她们立刻不说话了，然后老板对她们说："你们两个说说为什么开会的时候不能喧哗。"

其中一个回答说："因为有人在睡觉。"

Bǔchōng Shēngcí 补充 生词 Supplementary Words

1. 有说有笑 yǒushuōyǒuxiào		talking and laughing
2. 瞪 dèng	*v.*	stare at
3. 喧哗 xuānhuá	*adj.*/*v.*	noisy; make noise

Tuòzhǎn Yuèdú 拓展 阅读 Extensive Reading

全 球 化

全球化是一种人类社会的发展现象，指全球联系不断增强，人类在全球规模的基础上发展，并产生全球意识。全球化也可以解释为世界的压缩，以及把全球看作一个整体。全球化在程度上比国际化更深，当国家的边界完全消失的时候，国际化就变成了全球化。当然，也有人认为，国家的边界永远不会消失，也就是说彻底的全球化只是一个"乌托邦"。

国际贸易的增长，跨国公司的增多，跨国连锁快餐店在全球的铺开，都能表明我们正在经历全球化的进程。

世界历史上，电力的使用、广播的兴起、电话的出现、新闻出版的普及，乃至后来的电视时代的出现，这些通信技术的进步，都推动着精神产品的全球化。火车、轮船、飞机的产生，更是拉近了全球人们的距离。20 世纪 90 年代后，互联网的兴旺普及，使信息传输变得更为快捷和方便，各国政治、经济贸易联系增多，相互依存度加深，加速推进了全球化的进程。

你觉得全球化是好还是坏呢？有什么好处和坏处？

Dì shí èr kè　Shēng rèn bù mén zhǔ guǎn
第十二课　升任部门主管

zhù hè nǐ shēng zhí le
——祝贺你升职了

Lesson 12　Promotion of department head
— Congratulations on your promotion

Běnkè Dǎoháng
本课　导航
Lesson Navigation

课文学习：

1. 升职加薪
2. 工作发展

语法学习：

1. 难怪、并、算、相当
2. 难怪/难得、提拔/升职、机遇/机会、辛苦/艰苦

拓展阅读：一带一路

1. 一分耕耘，一分收获，你的努力得到了回报。
2. 公司派我到外地开拓市场。
3. 这是我们团队齐心协力取得的成绩，并不是我一个人的功劳。
4. 你个人能力很强，同时也很努力，难怪公司这么快提拔你。
5. 机会是留给有准备的人的，只有不断努力的人才会遇到机会、抓住机会。
6. 我们一起为你们的升职和进修庆祝一下，也算为瑞恩送行吧。

序号 No.	生词 New Words	拼音 Pinyin	词性 Part of Speech	英语注释 English	补充用法 Supplementary Usage
1	猜	cāi	*v.*	speculate; guess	猜谜语
2	主管	zhǔguǎn	*v./n.*	in charge of; person in charge	部门主管
3	恭喜	gōngxǐ	*v.*	congratulate	恭喜发财
4	耕耘	gēngyún	*v.*	cultivate; plough and weed	辛勤耕耘
5	回报	huíbào	*v./n.*	pay back/return for report	丰厚的回报
6	榜样	bǎngyàng	*n.*	role model	学习的榜样
7	扑	pū	*v.*	snap; rush at; throw oneself on	扑过来
8	派	pài	*v.*	appoint; assign	派……出差
9	辛苦	xīnkǔ	*adj.*	hard; laborious; toilsome	辛苦的工作
10	齐心协力	qíxīnxiélì		shoulder to shoulder; work together	大家齐心协力
11	功劳	gōngláo	*n.*	contribution; merit	是你的功劳
12	谦虚	qiānxū	*adj.*	modest; modesty	保持谦虚
13	难怪	nánguài	*adv.*	no wonder	难怪这样
14	提拔	tíbá	*v.*	elevate; promote	提拔下属
15	带动	dàidòng	*v.*	drive; put in motion	带动别人
16	干劲	gànjìn	*n.*	enthusiasm; vigour	很大的干劲
17	机遇	jīyù	*n.*	opportunity; chance	把握机遇
18	积累	jīlěi	*v.*	accumulate	积累经验
19	轮到	lúndào	*v.*	be one's turn	轮到你了
20	进修	jìnxiū	*v.*	engage in advanced studies	进修学习
21	名额	míng'é	*n.*	the number of people assigned or allowed	名额有限
22	难得	nándé	*adj.*	rare	难得的机会
23	把握	bǎwò	*v./n.*	grasp; seize reliability; confidence	把握机会
24	进取	jìnqǔ	*v.*	keep forging ahead	进取精神
25	降临	jiànglín	*v.*	come; arrive; befall	夜幕降临
26	鼓励	gǔlì	*v.*	encourage	互相鼓励

（续表）

序号 No.	生词 New Words	拼音 Pinyin	词性 Part of Speech	英语注释 English	补充用法 Supplementary Usage
27	加油	jiāyóu	*v.*	refuel; cheer	给你加油
28	主动	zhǔdòng	*adj.*	initiative	积极主动
29	干杯	gānbēi	*v.*	toast	一起干杯
30	生涯	shēngyá	*n.*	career	职业生涯
31	大有作为	dàyǒuzuòwéi		be able to develop one's skill to full	他将来一定大有作为

Duìhuà 对话 Dialogue

场景：在饭店庆祝升职。

瑞恩：如礼，今天请大家吃饭，是有什么好事吧？是不是升职了？

如礼：你猜对了，我当上了销售部主管。

艾莉：恭喜，恭喜！一分耕耘，一分收获，你的努力得到了回报。祝贺你！

如礼：哪里啊，我只是比较幸运吧。

艾莉：我看你前一阵子在市场推广和商务合作方面，还是花了很多精力的。而且你的工作态度一直都是很认真的，是我们的榜样。

瑞恩：对哦，我都已经几个月没看到你了，看来你是一心扑在工作上。你是不是还经常在外出差啊？

如礼：公司派我到外地开拓市场，我在兰州待的时间比较久。

瑞恩：那是比较辛苦的。

艾莉：辛苦是辛苦，但是你的努力是值得的。你为公司带来了不少收益吧？

如礼：是的，但这是我们团队齐心协力取得的成绩，并不是我一个人的功劳。

瑞恩：你别谦虚了。你个人能力很强，同时也很努力，难怪公司这么快提拔你。而且你这样努力的工作态度，会影响和带动一批人，大家也会更有干劲。

如礼：你这么说我都不好意思了。其实，机遇也相当重要。我们公司正好在开拓市场，缺少一个销售方面的主管。我是学这个专业的，又正好积累了一些经验，就轮到我了。对了，瑞恩，听说你们公司要派你去美国进修？

瑞恩：是的。我们这次培训是关于人力资源管理的，中国区只有5个名额。

如礼：那机会很难得啊，你得好好把握。

艾莉：你们都很厉害。机会是留给有准备的人的，只有不断努力的人才会遇到机会，抓住机会。

瑞恩：艾莉，你也是一个积极进取的人，现在只是还没遇到机会。

如礼：是的，艾莉，也许很快就会有好机会降临到你身上，你的未来很美好。

艾莉：谢谢你们的鼓励，我会加油的。

瑞恩：如礼，你这么快就升职到主管了，真不简单。你是我们的榜样，我们也要像你一样，更努力、更

积极主动地工作。

艾莉：来，我们一起为你们的升职和进修干杯，也算为瑞恩送行吧。希望大家都能在职业生涯中大有作为。

一起：干杯！

注释 Notes

一分耕耘，一分收获 yìfēngēngyún, yìfēnshōuhuò：没有辛勤努力的耕耘就不会有丰富的收获，比喻付出一份劳动就会得到一分收益。

Huídá Wèntí 回答 问题 Questions about the Text

1. 如礼今天为什么请大家吃饭？
2. 如礼前一段时间在忙什么？
3. 在瑞恩看来，如礼为什么能升职？
4. 如礼认为，是否能升职还和什么有关？
5. 瑞恩得到了一个什么难得的机会？
6. 在艾莉看来，如礼和瑞恩都能有好机会的原因是什么？

Yǔfǎ Diǎn 语法 点 Grammar Focus

一、难怪

副词，表示"明白了原因，不再觉得奇怪了"。用"难怪"的小句前或后常有说明真相的小句。例如：

(1) 难怪他踢球踢得那么好，原来他练过十多年了。
(2) 这个电影太有趣了，难怪票房那么高。
(3) 他总是书不离手，难怪他知识如此丰富。

二、并

用在否定词前边，强调否定，表示与通常所想的情况不同，有反驳的语气。如并非、并不、并无、并没有。例如：

(1) 你以为我知道这件事，其实我并不知道。
(2) 他躺在床上，脑子并没有休息。
(3) 我这样做并非为了自己。

三、算

表示“可以说是，可以被认为”。后面可以加名词、动词、形容词。例如：

(1) 什么样才算幸福，很难说得清楚。
(2) 这个地方十分钟就能走到，不算太远。
(3) 他没有反对，我们就算他是同意的。

四、相当

1. 副词，表示程度高。一般修饰形容词，有时也可以修饰表示心理活动的动词。例如：

(1) 我对这个房间相当满意。
(2) 最近经济不好，找一个称心的工作相当难。

2. 动词，表示两方面差不多。常用“A与B相当”“A相当于B”的结构。例如：

(1) 今年我们公司的利润与去年大致相当。
(2) 你这件衣服的价格相当于我五件衣服的价格。

Cíyǔ Biànxī 词语辨析 Word Differentiation

一、难怪/难得

“难怪”，表示不觉得奇怪。例如：

(1) 他生病了，难怪没有来上课。

“难得”，表示“不容易得到或办到”，也可以表示“不经常(出现或发生)”。例如：

(2) 他的汉语这么好，真难得。
(3) 这是一场难得的大雪。

二、提拔/升职

“提拔”，表示“选拔提升(尤其是指给某人一个更好的工作或机会)”。“升职”表示“提升职位”。“提拔”和“升职”都是指某人有了一个更好的工作。但是表达方式不同：甲提拔乙为+职称：此句中甲是领导或者级别较高的人。乙得到了提拔，乙升职为+职称。例如：

(1) 公司提拔他为总经理。
(2) 感谢您的提拔。
(3) 爸爸在教学和科研中成绩突出，由讲师升职为教授。
(4) 她满面春风地宣布了自己升职的消息。

三、机遇/机会

“机遇”，指“时机，有利的机会”，强调好的、有利的情况或时机，通常是忽然遇到的好运气和机会，是可遇而不可求的。“机会”指“恰好的时候、时机”，机会是可以创造的。“机会”可以作“有”“没有”“利用”的宾语，“机遇”则不可以。

（1）一个人能否成功，机遇很重要。

（2）我们学校的发展正迎来新的重大历史机遇。

（3）我们应该给他一次改正错误的机会。

（4）我想利用去北京出差的机会，去长城看看。

四、辛苦/艰苦

“辛苦”，身心劳苦；客气话，用于求人做事。“艰苦”，艰难困苦。

二者意思上有差别。“辛苦”主要是指让人劳累。“艰苦”主要指生活或工作条件很差。“艰苦”是形容词，不能带宾语。“辛苦”既是形容词，又是动词，可以带宾语。“辛苦”可以重叠使用，可以说“辛辛苦苦”，“艰苦”没有重叠形式。“辛苦”可以是客套话，用于求人办事或感谢别人帮忙，“艰苦”没有这种用法。

（1）建筑工人的工作很辛苦。

（2）辛苦你跑一趟。

（3）他小时候生活十分艰苦，但他学习很努力。

（4）他在高原上生活了两年，那里的条件比较艰苦。

一、看图填空。According to the pictures, fill in the blanks with the words you have learnt in this lesson.

1. 努力就会有________。

A. 回报　　B. 汇报　　C. 报酬

2. 中国人喜欢用“哪里哪里”表示________。

A. 夸奖　　B. 感谢　　C. 谦虚

3. 公司为员工提供了一个出国________的机会。

A. 进口　　B. 进修　　C. 出口

4. 只有善于________机会的人，才能成功。

A. 握住　　B. 把玩　　C. 把握

5. 你是我们的________，我们要向你学习。

A. 模样　　B. 榜样　　C. 样子

二、选词填空。Complete the sentences with the right words.

A 生涯　名额　功劳　干劲　回报

1. 他是出自爱心，并不指望得到任何________。
2. 全部________都得归他。
3. 这些人很有________，而且业务非常熟悉。
4. 他当选为总统，使他的政治________达到最高峰。
5. 今年我校的研究生奖学金大约有 200 个________。

B 积累　主动　降临　轮到　鼓励

6. 学习知识是一个漫长的________过程。
7. 等了这么久，终于________我了。
8. 夜色________，路灯亮了起来。
9. 在老师的________下，我的成绩进步得很快。
10. 他工作很积极________。

三、近义词填空。Complete the sentences with the right synonyms.

1. 他大学毕业后就一直做销售工作，________做得这么好。
   A. 难怪　　　　B. 难得
2. 他经常上班迟到，________今天来这么早。
   A. 难怪　　　　B. 难得
3. 我们公司会定期给员工________加薪。
   A. 提拔　　　　B. 升职
4. 因为工作十分努力，所以老板________他为部门主管。
   A. 提拔　　　　B. 升职
5. 没有取得冠军，下次还有________，不要垂头丧气的。
   A. 机会　　　　B. 机遇
6. 一个真正想成功的人，不仅要努力，还应当学会去创造________。
   A. 机会　　　　B. 机遇
7. 这件事要________你去完成了。
   A. 辛苦　　　　B. 艰苦
8. 他在诉说他过去________的生活。
   A. 辛苦　　　　B. 艰苦

四、从两个句子中选出正确的句子。Choose the correct one from each pair of sentences below.

1. （　　）
   A. 我们确实花了很多精力，市场推广和商务合作方面。
   B. 在市场推广和商务合作方面我们确实花了很多精力。
2. （　　）
   A. 机会会降临到积极进取的人身上。
   B. 大家都能大展宏图在职业生涯中。

五、用所给的词语完成句子或对话。Complete the dialogues or sentences with the words given.

1. 虽然夜已深了，但是有明月在空中，________________________________。（算）
2. A：他生病了。
   B：________________________________。（难怪）
3. A：他平时学习成绩是最好的吗？这次考了第一。
   B：________________________________。（并）
4. A：你们俩同龄吧？
   B：________________________________。（相当）

六、英译汉。Translate the sentences below into Chinese.

1. No pains，no gains. One's efforts will be rewarded.

____

2. The opportunity is rare, and you should take advantage of it.

____

3. I hope that everyone can have a great future in the career.

____

4. You are the backbone of the company.

____

5. I plan to go abroad for further study.

____

Běnkè Huígù 本课 回顾 Looking Back

一、关键句填空。Complete the key sentences.

1. 一分耕耘，一分收获，你的努力得到了________。
2. 公司派我到外地________市场。
3. 这是我们团队齐心协力取得的________，并不是我一个人的________。
4. 你个人能力很强，同时也很努力，________公司这么快________你。
5. 机会是留给有________的人的，只有不断努力的人才会遇到机会、________机会。
6. 我们一起为你们的升职和进修________一下，也算为瑞恩________吧。

二、如礼的日记。Please help Ruli finish his diary using the words given.

庆祝　收获　升职　积极进取　进修　送行

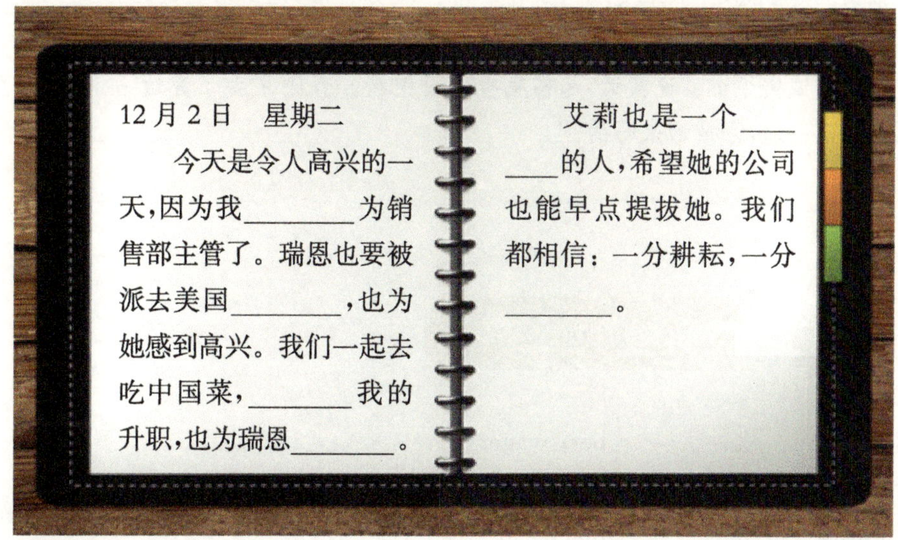
12月2日　星期二

今天是令人高兴的一天，因为我________为销售部主管了。瑞恩也要被派去美国________，也为她感到高兴。我们一起去吃中国菜，________我的升职，也为瑞恩________。

艾莉也是一个________的人，希望她的公司也能早点提拔她。我们都相信：一分耕耘，一分________。

Jiāoliú Lùntán 交流 论坛 Forum

1. 请说说你们升职加薪的经历吧！

2. 在什么情况下会升职加薪？你对公司的这种升职加薪满意吗？

Qīngsōng Yíkè 轻松 一刻 Fun Time

酒后的自信

酒馆里小马和一位推销员争论："我敢用 100 块钱与你打赌，你肯定不能一口气喝下 12 杯啤酒。"

推销员想了想，一言未发地出了啤酒馆。10 分钟后，他回来迎战。

眼见推销员一口气喝完 12 杯啤酒，小马惊叹道："你可真是好样的！"

推销员诚实地说："说实话，起初我也是没把握。我刚才去了旁边一家酒馆，在那里预先喝了一遍，才敢回来喝的。"

Bǔchōng Shēngcí 补充 生词 Supplementary Words

1. 打赌 dǎdǔ	*v.*	bet; wager
2. 迎战 yíngzhàn	*v.*	meet the battle
3. 惊叹 jīngtàn	*v.*	marvel at
4. 诚实 chéngshí	*adj.*	honest
5. 把握 bǎwò	*v./n.*	grasp; hold/assurance; certainty

一带一路

丝绸之路是起始于古代中国，连接亚洲、非洲和欧洲的古代陆上商业贸易路线。最初的作用是运输古代中国出产的丝绸、瓷器等商品，后来成为东方与西方在经济、政治、文化等诸多方面进行交流的主要道路。丝绸之路从运输方式上，主要分为陆上丝绸之路和海上丝绸之路。

“一带一路”(The Belt and Road)是“丝绸之路经济带”和“21 世纪海上丝绸之路”的简称。“一带一路”旨在借用古代丝绸之路的历史符号，高举和平发展的旗帜，积极发展与沿线国家的经济合作伙伴关系，共同打造政治互信、经济融合、文化包容的利益共同体、命运共同体和责任共同体。共建“一带一路”，顺应世界多极化、经济全球化、文化多样化、社会信息化的潮流，秉持开放的区域合作精神，致力于维护全球自由贸易体系和开放型世界经济。共建“一带一路”是国际合作以及全球治理新模式的积极探索，符合国际社会的根本利益，是人类社会的共同理想和美好追求。

你觉得世界各国间的交流与合作重要吗？“一带一路”对世界经济的发展有什么好处呢？

Dì shí sān kè　Cè huà nián zhōng huó dòng

第十三课　策划年终活动

wǒ men lái tǎo lùn yí xià huó dòng fāng àn ba

——我们来讨论一下活动方案吧

Lesson 13　Plan year-end activities

— Let's discuss the plan for the year-end activities

Běnkè Dǎoháng

本课　导航

Lesson Navigation

课文学习：

1. 策划年终活动
2. 互动游戏
3. 抽奖

语法学习：

1. 反正、……之类、毕竟
2. 充足/充分、活跃/活泼

拓展阅读：梅、兰、竹、菊——花中四君子

Guānjiàn Jù

关键句　Key Sentences

1. 经理把策划活动的任务给了我们，我们来讨论一下活动方案吧。
2. 晚一点结束也没关系，反正第二天休息。
3. 今年公司效益不错，活动经费比较充足。
4. 节目形式可以多种多样，唱歌、舞蹈、魔术之类的都可以。
5. 生动有趣的互动游戏，不但能增进团队合作，而且还能够活跃现场气氛。
6. 阳光普照奖可以选价值高一点的东西，毕竟这是人人都可以得到的福利。

序号 No.	生词 New Words	拼音 Pinyin	词性 Part of Speech	英语注释 English	补充用法 Supplementary Usage
1	年会	niánhuì	*n.*	annual meeting; annual conference	公司年会
2	自行	zìxíng	*adv.*	voluntarily; by oneself	自行解决
3	年终	niánzhōng	*n.*	the end of the year	年终奖
4	方案	fāng'àn	*n.*	scheme; programme; project	活动方案
5	自由	zìyóu	*n./adj.*	freedom; liberty/free	自由活动
6	反正	fǎnzhèng	*adv.*	anyhow	反正我要去
7	总结	zǒngjié	*v.*	summarize	写总结
8	述职	shùzhí	*v.*	report on one's work	述职报告
9	集体	jítǐ	*n.*	collective; group	班集体
10	穿插	chuānchā	*v.*	do alternately; do in turn	穿插小节目
11	抽奖	chōujiǎng	*v.*	lucky draw; lottery draw	抽奖箱
12	效益	xiàoyì	*n.*	benefit; beneficial result	公司的效益
13	经费	jīngfèi	*n.*	expenditure; funds; outlay	经费充足
14	充足	chōngzú	*adj.*	adequate; sufficient; abundant; ample	时间充足
15	五星级	wǔxīngjí	*adj.*	five-star	五星级酒店
16	菜品	càipǐn	*n.*	variety of dishes	菜品多样
17	精致	jīngzhì	*adj.*	delicate; exquisite	菜品精致
18	重头戏	zhòngtóuxì	*n.*	an opera difficult to act or sing; highlight	营销是企业的重头戏
19	拿手	náshǒu	*adj.*	adept; be good at	拿手戏
20	当仁不让	dāngrénbúràng		not decline to shoulder a responsibility	我就当仁不让了
21	魔术	móshù	*n.*	conjuring; magic	魔术表演
22	动员	dòngyuán	*v.*	mobilize; call up	动员大家参加
23	互动	hùdòng	*v.*	interact	互动游戏
24	生动	shēngdòng	*adj.*	vivid; lively	生动的讲解

（续表）

序号 No.	生词 New Words	拼音 Pinyin	词性 Part of Speech	英语注释 English	补充用法 Supplementary Usage
25	活跃	huóyuè	*v./adj.*	animate/brisk; active; dynamic; lively	活跃气氛
26	踩	cǎi	*v.*	stamp; tread	踩到了别人
27	沸点	fèidiǎn	*n.*	boiling point	达到沸点
28	奖品	jiǎngpǐn	*n.*	prize; award; trophy	颁发奖品
29	奖项	jiǎngxiàng	*n.*	awards	设置奖项
30	相应	xiāngyìng	*v.*	corresponding; relevant	相应的改变
31	价值	jiàzhí	*n.*	value; worth	物品的价值
32	普照	pǔzhào	*v.*	illuminate all things	阳光普照
33	毕竟	bìjìng	*adv.*	after all; in the final analysis	毕竟是孩子
34	无缘	wúyuán	*v.*	have not had the luck (to do sth.)	无缘参加
35	赞成	zànchéng	*v.*	approve of; agree with	表示赞成

场景：策划年终活动。

如礼：公司的年会两年举办一次，今年就由各部门自行组织年终活动。经理把策划活动的任务给了我们几个，我们今天就来讨论一下活动方案吧。

张丽：活动时间定了吗？

如礼：经理建议安排在12月下旬，圣诞节期间，外国客户都放假了，我们这边时间上比较自由。

张丽：那咱们安排在12月27号，星期五，怎么样？

马克：嗯，我也觉得周五比较好，晚一点结束也没关系，反正第二天休息。

如礼：那时间就定12月27日吧。我们今年的活动是这样安排的，先进行年终总结会，每个人对一年来的情况进行年终述职，然后集体聚餐，同时穿插表演以及抽奖活动。

张丽：场地放在哪里呢？是找一个酒店举办活动，还是就在公司述职，然后外出聚餐？

如礼：今年公司效益不错，活动经费比较充足，经理说大家辛苦了一年，想让大家出去放松放松。对于地点，你们有什么建议？

马克：那就找一家五星级酒店，环境好，服务周到，菜品也精致。

张丽：嗯，公司附近的喜来登怎么样？我去跟他们订一个会议室作为年终述职的场地，晚餐和活动也在酒店进行。

如礼：可以。节目策划是个重头戏呢，我们得商量一下安排哪些节目。

马克：经理唱歌很拿手，第一个节目就由经理开始吧。对了，如礼，你可得给大家来一首英文歌。

如礼：那我就“当仁不让”啦！节目形式可以多种多样，唱歌、舞蹈、魔术之类都可以。张丽，你跟大家比较熟，节目动员这个任务交给你啦。

张丽：可以。对了，除了表演类的节目外，我们是不是还要安排一些游戏互动环节？

马克：当然，生动有趣的互动游戏不但能增进团队合作，而且还能够活跃现场气氛。“踩气球”“正话反说”都很有意思。这个任务交给我吧。

如礼：太好了。我觉得最能让现场气氛达到沸点的是抽奖！今年经费比较足，奖品的质量可以高一点。

马克：我们先把奖项数量和金额定下来，然后再让秘书去采购相应价值的东西吧。

张丽：我觉得今年的阳光普照奖可以选价值高一点的东西，毕竟这是人人都可以得到的福利呢。

如礼：有道理。我这儿有一张以前的奖项设置表，还是一等奖一名，二等奖两名，三等奖三名，奖品价值不变。阳光普照奖去年是一套价值 80 元的毛巾，今年咱们提高到 200 元，怎么样？

马克：我这个每年都与大奖无缘的人举双手赞成！

注释 Notes

1. 踩气球 cǎi qìqiú：一种集体互动游戏。用细绳将两(三)个气球绑在脚踝处，裁判发令后、双方队员在保护自己的气球不被对方踩爆的同时，千方百计踩爆对方的气球。气球都被踩爆即被淘汰，谁留下的气球多，谁就是冠军。
2. 正话反说 zhènghuàfǎnshuō：一种游戏。参与者并排站在台上，主持人对每一个人说出一个词语或短语，参与者需在限定时间内将听到的短语反着告诉主持人，比如主持人说“你好吗?”，你就要回答“吗好你”。说错了就算失败，谁说对的多，谁就是冠军。
3. 阳光普照奖 yángguāng pǔzhào jiǎng：即安慰奖，也就是在抽奖活动中奖励给那些没有抽中任何奖项的人的纪念品。阳光普照奖像阳光普照大地一样，人人都可以分享。
4. 年终述职 niánzhōng shùzhí：是指在一年将要结束时，各级各类的机关工作人员，向上级主管部门和下属群众陈述任职情况，包括履行岗位职责，完成工作任务的成绩、缺点问题、设想，从而进行自我回顾、评估的报告。

Huídá Wèntí 回答问题 Questions about the Text

1. 公司年会安排在什么时间？为什么这样安排？
2. 年会上的活动安排是什么样的？
3. 这次年会打算在哪里举行？为什么？
4. 年会上有哪些类型的节目和活动？
5. 为什么让张丽负责节目动员？
6. 年会的抽奖活动将设置哪些奖项？

Yǔfǎ Diǎn 语法点 Grammar Focus

一、反正

1. 强调在任何情况下都不会改变态度、决心、结论、结果等。上文常有“无论”“不管”等，或表示正反两种情况的词语。例如：

(1) 不管你怎么说，反正我不会改变我的主意。

(2) 下雨也好，天晴也好，反正明天我都要去参加比赛。

2. 指明情况或原因，意思与“既然”相近，但意思较强。多用在动词、形容词或主语前。

(3) 走路去或者坐车去都行，反正也不远。

(4) 反正你要去买东西，就帮他一起买了吧。

二、……之类

“之类”表示不全部列举出来，只提出同类的人或事物中的几个代表。例如：

(1) 他很喜欢吃汉堡包、薯条、炸鸡翅之类的快餐。

(2) 大卫喜欢很多运动，如篮球、跑步、游泳之类。

(3) 那里很荒凉，经常有老虎、狼之类的野兽出现。

三、毕竟

表示根据实际情况，追根究底得出的结论。做状语。例如：

(1) 他不可能知道那么多，他毕竟是个孩子。

(2) 他虽然有语言天分，但毕竟学习法语才一个月，所以不可能学到那么高的水平。

(3) 最近天气挺热的，但毕竟是冬天，一天的平均气温不可能达到30°。

Cíyǔ Biànxī 词语辨析 Word Differentiation

一、充足/充分

“充足”指数量多，能满足需要；“充分”是足够的意思，多用于修饰抽象的事物。二者的区别在于“充足”常用来做定语和谓语，“充分”多做状语。例如：

(1) 这个房间阳光很充足。

(2) 离开车还有三个小时，时间充足，你可以慢慢过来。

(3) 因为准备得很充分，考试时他一点儿也不紧张。

(4) 我要充分利用在中国的机会和良好的语言环境，提高汉语水平。

二、活跃/活泼

“活跃”，作形容词时，意思是行动活泼而积极，气氛活泼而热烈；作动词时，表示“使活跃”。“活泼”，形容词，生动自然，不呆板。

二者都有形容词用法。区别在于：“活泼”可形容人、动物、文字等生动自然；“活跃”可用来形容气氛及人的言谈举止、思想等生动、积极、有活力。另外，“活跃”还可作动词用，比如，活跃气氛。“活泼”只有形容词用法。例如：

(1) 她性格活泼，非常可爱。
(2) 这本小说的文字很活泼，十分吸引人。
(3) 在跟别人讨论问题时，他变得很活跃。
(4) 只要他一出场，气氛就立刻活跃起来。

一、看图填空。According to the pictures, fill in the blanks with the words you have learnt in this lesson.

1. 我们要善于采纳意见和建议，以便________工作。

A. 增进　　B. 活跃　　C. 改善

2. ________活动可以增强公司的凝聚力。

A. 部门　　B. 家庭　　C. 集体

3. 阳光________着大地。

A. 普遍　　B. 普通　　C. 普照

4. 活动当天设有________活动，各种奖品等你拿。

A. 奖项　　B. 奖品　　C. 抽奖

5. 公司会帮助和________遇到特殊困难的职员。

A. 鼓励　　B. 提供　　C. 捐资

二、选词填空。Complete the sentences with the right words.

A　效益　总结　奖品　价值　沸点

1. 写________要突出重点。
2. 公司能有如此好的________，全是职工们的功劳。
3. 听到这个坏消息，他的心情从________降到冰点。
4. 一本书是否有________并不取决于它的大小。
5. 小强在运动会上得到很多________。

B　集体　无缘　精致　抽奖　动员

6. 每个出席这次晚会的人都将有机会参加我们的幸运________。
7. 我们班被评为先进________。
8. 他小时候生活艰苦，所有的舒适和享受都跟他________。
9. 老师________学生给灾区捐款。
10. 这件衣服上的花非常________。

三、近义词填空。Complete the sentences with the right synonyms.

1. ________的课余时间使我们的生活越来越丰富多彩。
   A. 充足　　B. 充分
2. 年轻人可以在市场经济中________施展自己的才能。
   A. 充足　　B. 充分
3. 今年雨水________，庄稼的产量很高。
   A. 充足　　B. 充分
4. 为了开好这次会议，大家都做了________的准备。
   A. 充足　　B. 充分

5. 她是一个性格开朗、________的女孩。
   A. 活泼　　　　　　B. 活跃
6. 玲玲思维________，常常能用两种方法解答数学题。
   A. 活泼　　　　　　B. 活跃

四、从两个句子中选出正确的句子。Choose the correct one from each pair of sentences below.

1. （　　）
   A. 我希望公司可以增强一些活动。
   B. 我希望公司可以增加一些活动。
2. （　　）
   A. 公司年会上气氛很活跃。
   B. 年会上，主持人应该活泼一下气氛。

五、用所给的词语完成句子或对话。Complete the dialogues or sentences with the words given.

1. A：今天没时间了，我们以后再讨论这件事吧。
   B：____。（反正）
2. A：我觉得这本书不错啊，你不喜欢吗？
   B：____。（反正）
3. 饮食健康很重要，应该经常________________________________。（之类）
4. A：我想去打工赚钱，学习方面放松一下没关系。
   B：____。（毕竟）
5. A：这孩子，怎么能这样做？我得批评他。
   B：____。（毕竟）
6. A：老师对我们要求太严格了。
   B：____。（毕竟）

六、英译汉。Translate the sentences below into Chinese.

1. More activities can be organized to enliven the atmosphere, enhance mutual understanding and strengthen the cohesion of the company.
   ____
2. Programs can be in many forms, such as singing, dancing, magic and so on.
   ____
3. These activities are very meaningful, and we will gradually carry them out.
   ____
4. We hope everyone make more concerted efforts to make greater contributions to the future development of the company.
   ____

Běnkè Huígù 本课 回顾 Looking Back

一、关键句填空。Complete the key sentences.

1. 经理把________活动的任务给了我们，我们来讨论一下活动________吧。
2. 晚一点结束也没关系，________第二天休息。
3. 今年公司________不错，活动________比较充足。
4. 节目________可以多种多样，唱歌、舞蹈、魔术________的都可以。
5. 生动有趣的________游戏，不但能增进团队________，而且还能够________现场气氛。
6. 阳光普照奖可以选________高一点的东西，________这是人人都可以得到的________。

二、如礼的日记。Please help Ruli finish his diary using the words given.

情况　设置　策划　游戏　保证　总结　集体

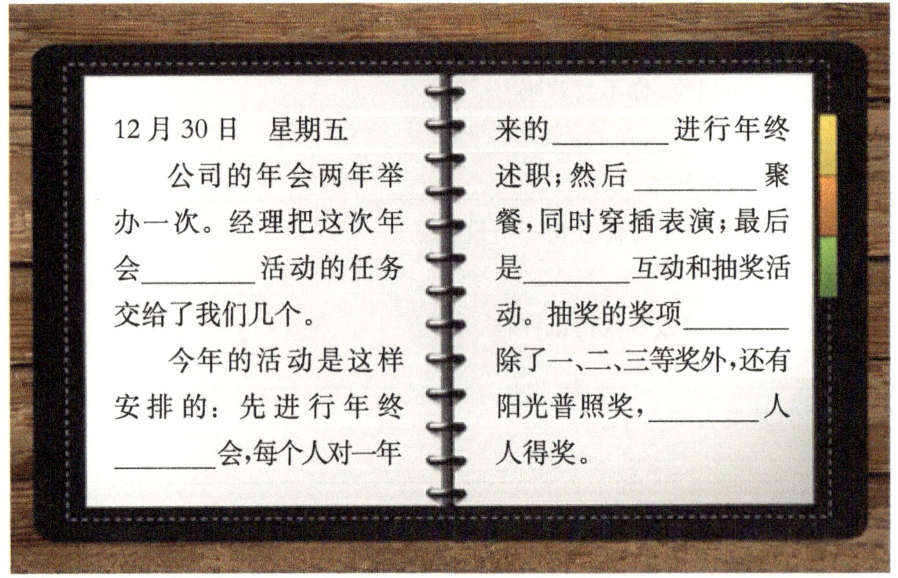

12月30日　星期五

公司的年会两年举办一次。经理把这次年会________活动的任务交给了我们几个。

今年的活动是这样安排的：先进行年终________会，每个人对一年来的________进行年终述职；然后________聚餐，同时穿插表演；最后是________互动和抽奖活动。抽奖的奖项________除了一、二、三等奖外，还有阳光普照奖，________人人得奖。

Jiāoliú Lùntán 交流 论坛 Forum

1. 你参加过公司年会吗？年会有哪些内容和活动？

____

____

____

____

2. 如果你是经理，会给公司各部门安排什么活动？为什么安排这些活动？

____

____

____

____

Qīngsōng Yíkè 轻松 一刻 Fun Time

员工：老板，今年您给我的年终奖不对，好像多了一点。

老板：你是个诚实的好员工，快拿来我看看……

员工：您看，就是这里，多了一个小数点。

Bǔchōng Shēngcí 补充 生词 Supplementary Words

1. 员工 yuángōng *n.* staff; employee
2. 年终奖 niánzhōngjiǎng *n.* year-end bonus
3. 诚实 chéngshí *adj.* honest
4. 小数点 xiǎoshùdiǎn *n.* decimal point; radix point

Tuòzhǎn Yuèdú 拓展 阅读 Extensive Reading

梅、兰、竹、菊——花中四君子

在中国，“君子”是指具有高尚品德的人。植物中的梅、兰、竹、菊，也就是梅花、兰花、翠竹、菊花，分别具有君子一样的傲、幽、澹(dàn)、逸(yì)的特点，被中国人用来象征君子的高尚品质，称为“花中四君子”，是咏物诗文和艺人字画中常见的题材，“花中四君子”也成为中国人借物喻志的象征。

在中国人看来，梅花在漫天飞雪的隆冬盛开，不畏严寒，象征君子威武不屈，不畏强暴，迎风傲雪；兰花独处幽谷，喜居崖壁，在深谷散发幽香，象征君子操守清雅，遗世独立；竹子虚怀若谷，中通外直，清雅靓丽，象征君子谦逊虚中，高风亮节；菊花在深秋绽放，顶风傲霜，潇洒飘逸，象征君子隐逸世外，不陷污浊。艺术家们喜欢这些花草，其实是表达了他们对高尚道德的景仰和追求。

你们国家有没有特别受人喜爱的花草？有什么寓意吗？

Dì shí sì kè　Chūn jié——wǒ xiǎng qù kàn kan
第十四课　春节——我想去看看
zhōng guó rén guò chūn jié de xí sú
中国人过春节的习俗

Lesson 14　Spring Festival — I want to see the customs and celebrations of the Spring Festival

Běnkè Dǎoháng
本课　导航
Lesson Navigation

课文学习：

1. 除夕夜活动
2. 春节文化

语法学习：

1. 互相、直到……才……
2. 听说/据说、祝福/祝愿、表达/表示

拓展阅读：端午节

1. 旅游可以开阔我们的眼界，让我们加深对不同地方的了解。
2. 春运期间票很难买，要去旅游的话需要早点订票。
3. 听说春节时全家人要团聚在一起迎接新年。
4. 直到正月十五元宵节，春节才算庆祝完了。
5. 这些食物都有美好的寓意。

Shēngcí 生词 New Words

序号 No.	生词 New Words	拼音 Pinyin	词性 Part of Speech	英语注释 English	补充用法 Supplementary Usage
1	习俗	xísú	*n.*	convention; custom	春节习俗
2	年味儿	niánwèir	*n.*	the Spring Festival atmosphere	有年味儿
3	开阔	kāikuò	*v./adj.*	widen/wide	视野开阔
4	眼界	yǎnjiè	*n.*	field of vision	开阔眼界
5	春运	chūnyùn	*n.*	Spring Festival travel rush; Spring Festival travel season	春运期间
6	团聚	tuánjù	*v.*	reunite	全家团聚
7	年夜饭	niányèfàn	*n.*	New Year's Eve dinner	吃年夜饭
8	时刻	shíkè	*n.*	moment; hour	团聚的时刻
9	迎接	yíngjiē	*v.*	welcome; greet	迎接新生
10	走亲戚	zǒuqīnqi	*v.*	call on relatives	去舅舅家走亲戚
11	拜年	bàinián	*v.*	pay a New Year call; pay a New Year visit	给您拜年
12	祝福	zhùfú	*v./n.*	bless; wish happiness to/benediction; blessing	送去祝福
13	对联	duìlián	*n.*	couplet	贴对联
14	窗花	chuānghuā	*n.*	paper-cut for window decoration	剪窗花
15	除夕	chúxī	*n.*	Chinese New Year's Eve; Lunar New Year's Eve	过除夕
16	压岁钱	yāsuìqián	*n.*	money given to children as a lunar New Year gift	发压岁钱
17	联欢	liánhuān	*v.*	have a get-together	联欢会
18	熬夜	áoyè	*v.*	burn the midnight oil; stay up late	常常熬夜
19	守岁	shǒusuì	*v.*	stay up late on New Year's Eve	除夕守岁
20	辞旧迎新	cíjiùyíngxīn	*v.*	ring out the Old Year and ring in the New Year	一起辞旧迎新
21	长辈	zhǎngbèi	*n.*	elder; eldership	尊敬长辈
22	红包	hóngbāo	*n.*	red paper containing money as a gift	送红包

（续表）

序号 No.	生词 New Words	拼音 Pinyin	词性 Part of Speech	英语注释 English	补充用法 Supplementary Usage
23	烟花	yānhuā	*n.*	fireworks	放烟花
24	鞭炮	biānpào	*n.*	firecrackers; a string of small firecrackers	放鞭炮
25	年糕	niángāo	*n.*	New Year cake; rice cake	吃年糕
26	汤圆	tāngyuán	*n.*	sweet dumplings	煮汤圆
27	寓意	yùyì	*n.*	implied meaning	寓意幸福
28	表示	biǎoshì	*v.*	show; signify; denote	表示……意思
29	祝愿	zhùyuàn	*v.*	wish	祝愿大家幸福
30	舞龙舞狮	wǔlóng wǔshī	*v.*	dragon-lion dance	舞龙舞狮表演
31	踩高跷	cǎi gāoqiāo	*v.*	walk on stilts	踩高跷表演
32	燃放	ránfàng	*v.*	set off	燃放烟花
33	爆竹	bàozhú	*n.*	firecrackers	爆竹声声
34	元宵节	yuánxiāojié	*n.*	the Lantern Festival (15th of the first lunar month)	元宵节灯会
35	灯笼	dēnglong	*n.*	lantern	挂灯笼
36	花灯	huādēng	*n.*	festive lantern (as displayed on the Lantern Festival)	看花灯
37	灯谜	dēngmí	*n.*	lantern riddles; riddles written on lanterns	猜灯谜
38	喜气洋洋	xǐqìyángyáng		be bursting with happiness; be radiant with joy	到处喜气洋洋
39	印象	yìnxiàng	*n.*	impression	留下印象

Duìhuà 对话 Dialogue

场景：计划在中国过春节。

经理：春节就要到了，每个公司都放假一星期，你们打算做什么？

马克：放假后，我准备回国看望家人。现在，得先安排好放假前后的工作。还要跟外国客户联系，通知他们本公司的休假时间。

如礼：我准备利用春节假期在中国旅游，我也想看看中国人过春节的习俗，感受一下中国人过春节的热闹气氛。我打算去陕西和山西，听说那里的年味儿最浓。

马克：你还可以顺便了解一下那儿的市场呢。

如礼：对哦。旅游可以开阔我们的眼界，加深我们对不同地方的了解，对工作的人，特别是对搞销售工作的人来说，也是了解各地市场情况的机会呢。

马克：不过，春运期间票很难买，要去旅游的话需要早点订票。

如礼：谢谢你的提醒。听说中国人春节的时候都要赶回家里，跟家人团聚，所以，火车票特别难买，我打算早点订飞机票。

经理：是的，年夜饭对中国人来说特别重要。全家人团团圆圆地坐在一起，一边看春节晚会，一边吃年夜饭，是最幸福的时刻了。马克，你在中国过过春节吗？

马克：还没有。听说春节时全家人要团聚在一起迎接新年，还要走亲戚，看朋友，互相拜年，送祝福，非常热闹。

经理：是的。家家户户都贴对联，贴福字，有人还会剪窗花，贴窗花。除夕夜全家人一起吃年夜饭，给孩子压岁钱，看春节联欢晚会，熬夜守岁，辞旧迎新。

如礼：听说小孩子最喜欢春节了。他们可以穿新衣，戴新帽，吃好吃的东西，还可以收到长辈给的红包。

经理：更重要的是春节时要去亲戚朋友家拜年，会有很多小孩子聚在一起玩耍，一起放烟花、放鞭炮，特别开心。

马克：春节有什么特别的食物吗？

如礼：这个我知道。大年初一早上吃饺子，有的地方吃年糕、汤圆。这些食物都有美好的寓意，表示年年高升，甜甜蜜蜜，团团圆圆，表达美好的祝愿。

经理：你了解得还挺多。那你知道春节期间有什么庆祝活动吗？

如礼：有很多，比如舞龙舞狮、踩高跷、燃放烟花爆竹等。直到正月十五元宵节，春节才算庆祝完了。

马克：上次我在电视上看到，元宵节的活动也很丰富。要挂灯笼、看花灯、猜灯谜，到处张灯结彩。

经理：是的。春节期间，中国到处热热闹闹、喜气洋洋的，这次春节之行一定会给你留下深刻的印象。我提前祝你们春节快乐！

注释 Notes

1. 春运 chūnyùn：即春节期间的交通运输，是中国在农历春节前后发生的一种大规模的高交通运输压力的现象。
2. 红包 hóngbāo：传统意义上的红包也叫压岁钱，是过农历春节时长辈给小孩儿用红纸包裹的钱。现在泛指包着钱的红纸包，用于送礼金、发奖金等。
3. 贴对联 tiē duìlián：中国传统年俗。在红色的纸上用对仗工整的文字，抒发美好愿望。春节前，家家户户都会在门上贴对联，辞旧迎新，增加喜庆的节日气氛。
4. 年夜饭 niányèfàn：春节习俗之一，特指除夕全家人的团圆聚餐，是一年中最丰盛、最重要的一顿晚餐，寓意吉祥、圆满。
5. 舞龙舞狮 wǔlóng wǔshī：是中国传统民俗活动。每逢春节或者其他一些庆典活动，许多地方都有舞龙舞狮的习俗，祈求平安、丰收、吉利。
6. 踩高跷 cǎi gāoqiāo：由舞蹈者脚上绑着长木跷进行表演，是中国北方民间盛行的一种群众性技艺表演。
7. 年糕 niángāo：年糕是用黏性大的糯米或米粉蒸成的糕，是中华民族的传统食物。春节时，中国很多地区都有吃年糕的习俗。年糕又称“年年糕”，与“年年高”谐音，寓意着人们的工作和生活一年比一年好。

Huídá Wèntí 回答 问题 Questions about the Text

1. 如礼打算在春节做什么？
2. 在如礼看来，旅游有什么好处？
3. 对中国人来说，年夜饭重要吗？为什么？
4. 除夕夜，人们一般做什么？
5. 小孩子为什么最喜欢春节？
6. 春节有哪些节日食物？有什么寓意？
7. 元宵节有哪些活动？

Yǔfǎ Diǎn 语法 点 Grammar Focus

一、互相

“互相”，副词，一般只做状语。表示彼此同样对待的关系，甲对乙和乙对甲进行相同的动作或具有相同的关系。例如：互相关心，互相照顾。一般不修饰单个的单音节动词，不能说“互相看”，可以说“互相看了一下”。

“相互”，副词，形容词。表示两相对待，彼此之间。在作副词时，和“互相”相同。在作形容词时，做定语，可以修饰名词，如“相互关系”。例如：

（1）登山的时候，前后同学要互相照顾一下。
（2）青年教师和老年教师各有所长，应该互相学习，取长补短。
（3）社会中，人们相互的沟通非常重要。
（4）这对双胞胎相互之间没有什么分别，长得几乎一模一样。

二、直到……才……

表示事情发生或结束得晚。例如：

（1）昨天晚上，他直到12点才睡。
（2）他一直等在这儿，直到雨停了才走。
（3）直到长大了，我们才明白父母养育我们的不易。

Cíyǔ Biànxī 词语 辨析 Word Differentiation

一、听说/据说

“听说”的意思是“听别人说”，“据说”是“根据别人说的或根据文献资料所说”。“听说”和“据说”不同的是：

1. “听说”是动词，有主语，可以带宾语。而“据说”是插入语，不能有主语，多用于句首。例如：

(1) 我听说你退休了。
(2) 据说你退休了。

2. “听说”更口语化，更具有不确定性；“据说”偏书面化，更有依据性。“据说”的信息来源可以是某人，也可以是某处，如书、文章。例如：

(3) 据说今年冬天气温偏高。
(4) 据说孔子是老子的弟子。

二、祝福/祝愿

两个词都用于祝福。二者的区别在于：“祝福”可以是动词，也可以是名词，侧重于祝人平安和幸福，“祝愿”主要作动词，用来表达美好的愿望；“祝福”后面可以只跟祝福的对象，“祝愿”后面除了跟祝愿的对象以外，还要加上祝愿的内容。例如：

(1) 祖国啊，我为您祝福！
(2) 请接受我真心的祝福。
(3) 我祝愿爷爷奶奶健健康康，永远不老。
(4) 祝愿我们的国家越来越强大。

三、表达/表示

“表达”一般是用语言形式，也就是口头说出或用笔头写出思想、感情、态度等。“表示”可以是语言形式，也可以是非语言形式，如用动作、表情等来表示某种思想、感情、态度等。另外，“表示”有名词用法，而“表达”没有。例如：

(1) 大卫现在已经能用汉语表达他的想法了。
(2) 我不知怎么表达爱，只能把它唱出来。
(3) 微笑常常表示高兴和友善。
(4) 我帮了她那么多忙，可她一点表示都没有。

一、看图填空。According to the pictures, fill in the blanks with the words you have learnt in this lesson.

1. 在春节，人们都希望和家人________。

A. 拜见　　B. 庆祝　　C. 团聚

2. 很多人家在门上贴________。

A. 灯笼　　B. 对联　　C. 联欢

3. 在窗上贴________，喜气洋洋的。

A. 窗花　　B. 福字　　C. 灯谜

4. 饺子的形状像中国古代的钱，有很好的________。

A. 意思　　B. 寓意　　C. 祝福

5. ________很好看，但也要注意安全。

A. 辞旧迎新　　B. 张灯结彩　　C. 烟花爆竹

二、选词填空。Complete the sentences with the right words.

A　眼界　长辈　习俗　印象　寓意

1. 元宵节赏花灯、吃汤圆是民间的古老________。
2. 第一次去深圳参观，可真是大开________。
3. 尊敬________是中华民族的传统美德。
4. 那副对联文字优美，________深长。
5. 这件事我记不太清了，只有个大概的________。

B　表示　燃放　团聚　开阔　迎接

6. 小明向来喜欢读课外书，所以作文思路________。
7. 一家三代人________在一起，欢欢喜喜过春节。
8. 为了________运动会，运动员正加紧训练。
9. 红灯________行人和车辆停止通行。
10. 禁止在公共场所________烟花爆竹。

三、近义词填空。Complete the sentences with the right synonyms.

1. 我________春节时人们都特别想团聚。
   A. 听说　　B. 据说
2. ________，喝太多咖啡对身体不好。
   A. 听说　　B. 据说
3. 你________他的事了吗？
   A. 听说　　B. 据说
4. ________，上海今年夏天的最高温度超过了 40℃。
   A. 听说　　B. 据说
5. 他送给我的生日礼物并不昂贵，但这份礼物代表了他真诚的________。
   A. 祝福　　B. 祝愿
6. 我________新一代的科学工作者奋发图强，勇攀世界科学高峰。
   A. 祝福　　B. 祝愿
7. 语言是人类________思想的工具。
   A. 表示　　B. 表达
8. 这个符号“=”________等于。
   A. 表示　　B. 表达
9. 这首诗________了作者对家人的思念之情。
   A. 表示　　B. 表达
10. 同学们热烈鼓掌，对新来的老师________欢迎。
    A. 表示　　B. 表达

四、从两个句子中选出正确的句子。Choose the correct one from each pair of sentences below.

1. （　　）

   A. 我据说不提前一个星期以上买不到票。

   B. 据说春节期间很难买到票。

2. （　　）

   A. 我想拜年你的家人。

   B. 我想拜见你的家人。

五、用所给的词语完成句子或对话。Complete the dialogues or sentences with the words given.

1. A：小明学习十分勤奋，＿＿＿＿＿＿＿＿＿＿＿＿＿＿＿＿＿＿。（直到……才……）

   B：难怪他学习成绩那么好。

2. A：高医生是什么时候离开医院的？

   B：＿＿＿＿＿＿＿＿＿＿＿＿＿＿＿＿＿＿＿＿＿＿＿＿＿。（直到……才……）

3. A：你早就知道这件事了吧？

   B：＿＿＿＿＿＿＿＿＿＿＿＿＿＿＿＿＿＿＿＿＿＿＿＿＿。（直到……才……）

4. A：你那么优秀，我以后要向你学习。

   B：＿＿＿＿＿＿＿＿＿＿＿＿＿＿＿＿＿＿＿＿＿＿＿＿＿＿＿＿＿。（互相）

5. A：期末了，我们开一个总结会。

   B：＿＿＿＿＿＿＿＿＿＿＿＿＿＿＿＿＿＿＿＿＿＿＿＿＿＿＿＿＿。（互相）

六、英译汉。Translate the sentences below into Chinese.

1. These foods have good implied meanings.

   ＿＿＿＿＿＿＿＿＿＿＿＿＿＿＿＿＿＿＿＿＿＿＿＿＿＿＿＿＿＿＿＿＿＿

2. I heard the whole family would get together for the New Year.

   ＿＿＿＿＿＿＿＿＿＿＿＿＿＿＿＿＿＿＿＿＿＿＿＿＿＿＿＿＿＿＿＿＿＿

3. It is said that tickets are difficult to buy during the Spring Festival, so we have to book tickets early.

   ＿＿＿＿＿＿＿＿＿＿＿＿＿＿＿＿＿＿＿＿＿＿＿＿＿＿＿＿＿＿＿＿＿＿

4. The whole family will eat dinner together, give children New Year's money, see the Spring Festival Gala, stay up late to say goodbye to the old year and look forward to the new year on New Year's Eve.

   ＿＿＿＿＿＿＿＿＿＿＿＿＿＿＿＿＿＿＿＿＿＿＿＿＿＿＿＿＿＿＿＿＿＿

   ＿＿＿＿＿＿＿＿＿＿＿＿＿＿＿＿＿＿＿＿＿＿＿＿＿＿＿＿＿＿＿＿＿＿

5. People would hang lanterns and guess the riddles in the Lantern Festival.

   ＿＿＿＿＿＿＿＿＿＿＿＿＿＿＿＿＿＿＿＿＿＿＿＿＿＿＿＿＿＿＿＿＿＿

Běnkè Huígù 本课 回顾 Looking Back

一、关键句填空。Complete the key sentences.

1. 旅游可以________我们的眼界，________我们对不同地方的了解。
2. 春运期间票很难买，要去旅游的话需要早点________。
3. 听说春节时全家人要________在一起迎接新年。
4. 直到正月十五元宵节，春节才算________完了。
5. 这些食物都有美好的________。

二、如礼的日记。Please help Ruli finish his diary using the words given.

习俗　守岁　舞狮　烟花爆竹　寓意　张灯结彩　对联　压岁钱

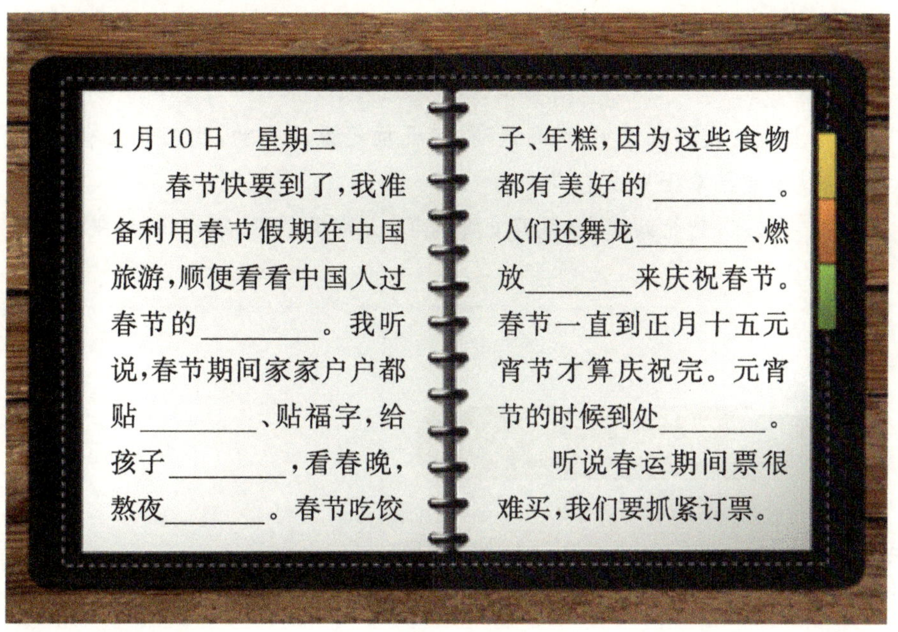

Jiāoliú Lùntán 交流 论坛 Forum

1. 说说中国的春节有哪些庆祝活动和文化现象。

____

____

____

____

2. 你在中国过过春节吗？是怎么过的？

____

____

____

____

3. 和大家分享一下你们国家最热闹的节日吧！

____

____

____

____

Qīngsōng Yíkè 轻松 一刻 Fun Time

带女友回家过年

父母看我带女友回家过年，感到很高兴，开玩笑说："哎哟，我们儿子有对象了，长成大人了，就不能再拿压岁钱了。"

我心里一紧张，连忙站起来，甩开女友的手，大声说："不，不，她是租来的！"

Bǔchōng Shēngcí 补充 生词 Supplementary Words

1. 开玩笑 kāiwánxiào *v.* make fun of; play
2. 对象 duìxiàng *n.* marriage partner; match
3. 紧张 jǐnzhāng *adj.* nervous
4. 甩 shuǎi *v.* throw off
5. 租 zū *v.* rent; hire

Tuòzhǎn Yuèdú 拓展 阅读 Extensive Reading

端 午 节

端午节(Dragon Boat Festival)在每年农历五月初五，又称端阳节，是中国国家法定节假日之一，并

已被列入世界非物质文化遗产名录。端午节源自天象崇拜，最初是中国人民拜祭龙祖、祛病防疫的节日。吴越之地在春秋时期之前，就已经有在农历五月初五用龙舟比赛的形式来举行祭祀的习俗。后来因为战国时期的楚国诗人屈原在五月初五这一天跳汨罗江自尽，端午节就成了中国人民纪念屈原的传统节日。端午节有吃粽子、喝雄黄酒、挂菖蒲、插艾叶、赛龙舟的习俗。

端午节与春节、清明节、中秋节并称为中国四大传统节日。端午文化在世界上影响广泛，世界上其他一些国家和地区也有庆贺端午的活动。

你们国家有哪些重要的节日呢？一般怎么庆祝？

Dì shí wǔ kè　Hūn yīn guān chā yì
第十五课　婚姻观差异

zhōng xī fāng de hūn yīn jiā tíng guān niàn chā yì tǐng dà de
——中西方的婚姻家庭观念差异挺大的

Lesson 15　Different views on marriage — There is a big difference between the concept of marriage and family in China and the West

Běnkè Dǎoháng
本课　导航
Lesson Navigation

课文学习：

1. 婚姻观念
2. 家庭情况

语法学习：

1. 意味、哪怕……也……、则、靠
2. 发表/表达、独立/独自、干扰/打扰、积累/积蓄、观念/观点

拓展阅读：十二生肖

Guānjiàn Jù 关键句 Key Sentences

1. 在中国见家长是不是意味着准备结婚了？
2. 很多人哪怕结婚后也喜欢跟父母住在一起。
3. 西方人则觉得年轻人早就是独立的个体了，什么都要靠自己。
4. 这样我们既不耽误工作，又能照顾到家庭，两全其美。
5. 中西方的婚姻家庭观念差异挺大的。

Shēngcí 生词 New Words

序号 No.	生词 New Words	拼音 Pinyin	词性 Part of Speech	英语注释 English	补充用法 Supplementary Usage
1	意味	yìwèi	*v.* / *n.*	mean; signify/meaning; implication	意味着什么
2	关系	guānxì	*n.*	relation; relationship	有关系
3	意见	yìjiàn	*n.*	opinion; comment	听取意见
4	支持	zhīchí	*v.*	support; sustain	大力支持
5	恋爱	liàn'ài	*v.* / *n.*	have a love affair/love	谈恋爱
6	婚姻	hūnyīn	*n.*	marriage; matrimony	婚姻与家庭
7	发表	fābiǎo	*v.*	publish; announce	发表意见
8	存在	cúnzài	*v.*	exist	存在问题
9	差异	chāyì	*n.*	difference	差异很大
10	租	zū	*v.*	rent	租住
11	干扰	gānrǎo	*v.*	disturb; obstruct	干扰别人
12	资助	zīzhù	*v.*	subsidize; fund	资助贫困地区的孩子
13	积蓄	jīxù	*v.* / *n.*	save/saving	一年的积蓄
14	一体	yìtǐ	*n.*	an organic whole	城乡一体
15	个体	gètǐ	*n.*	individual	个体户
16	出资	chūzī	*v.*	funding; capital subscription	出资方
17	退休	tuìxiū	*v.*	retire	退休金
18	责任	zérèn	*n.*	duty; responsibility	承担责任
19	结合	jiéhé	*v.*	combine; unite	结合实际
20	情况	qíngkuàng	*n.*	condition; situation; case	情况好转
21	减轻	jiǎnqīng	*v.*	lighten; alleviate; relieve; ease	减轻压力
22	负担	fùdān	*v.* / *n.*	shoulder; bear/burden; load	经济负担
23	耽误	dānwù	*v.*	delay	耽误时间
24	照顾	zhàogù	*v.*	care for; look after	照顾病人
25	两全其美	liǎngquánqíměi		make the best of both worlds	两全其美的办法
26	观念	guānniàn	*n.*	concept; notion	现代观念

（续表）

序号 No.	生词 New Words	拼音 Pinyin	词性 Part of Speech	英语注释 English	补充用法 Supplementary Usage
27	中西合璧	zhōngxīhébì		a combination of Chinese and Western elements	中西合璧的婚姻
28	魅力	mèilì	*n.*	charm	很有魅力
29	投入	tóurù	*v.*	put into	投入时间
30	期待	qīdài	*v.*	expect; look forward to	期待……的到来
31	绘制	huìzhì	*v.*	draw	绘制蓝图
32	蓝图	lántú	*n.*	blueprint; positive print	美好的蓝图

场景：春节后聚会聊婚姻和家庭。

如　礼：你们春节怎么过的？

瑞　恩：我跟高一凡回他老家了。这是我第一次在中国过春节。

艾　莉：在中国见家长是不是意味着准备结婚了？

高一凡：一般来说是这样。在中国，结婚其实关系到两个家庭，家长的意见特别重要。如果得到了家长的支持，就可以放心准备了。

如　礼：但在西方，家长在子女的恋爱婚姻问题上一般不会发表太多意见。

高一凡：中西方文化确实存在差异。中国很多父母希望孩子结婚后还跟自己住在一起，觉得这样才像一家人，这跟西方人的想法很不相同。

艾　莉：对啊。西方人认为十八岁以后就该独立了，要有自己的生活空间。从上大学时，很多年轻人就开始自己租房子，跟父母分开住。

如　礼：嗯，这样大家都能保持独立，互不干扰，结婚后就更是如此了。

高一凡：中国人不一样，很多人哪怕结婚后也喜欢跟父母住在一起。还有，中国人一般都不喜欢租房子，特别是结婚以后，认为最好得有个自己的房子。可是又没有足够的钱，怎么办呢？这时，父母就会资助他们，有的父母会拿出一生的积蓄，帮孩子买房子。

艾　莉：中国人觉得年轻人结婚后和父母还是一体的，这在西方，有点不可理解。西方人则觉得年轻人早就是独立的个体了，什么都要靠自己，买房子结婚当然完全是自己的事，一般不会让父母出资的。

高一凡：还有一个差别比较大的地方。在中国，婚后有了孩子，可能会由爷爷奶奶帮忙带。我父母已经退休了，觉得自己空闲时间比较多，打算将来帮我们带孩子。

如　礼：我们觉得带孩子完全是父母自己的责任，不应该去麻烦爷爷奶奶、外公外婆，他们也有自己的生活。

瑞　恩：你们说得都有道理。我们打算结合在中国的实际情况，工作日由爷爷奶奶帮忙带孩子，减轻我们的负担，周末我们自己带。这样我们既不耽误工作，又能照顾到家庭，两全其美。

艾　莉：你这样做不错。中西方的婚姻家庭观念差异挺大的，你们这种中西合璧的家庭会遇到很多这样的情况，不过，也更能感受到不同文化的魅力。

瑞　恩：是的。时间过得真快啊，春节就过完了。

如　礼：对呀。新的一年又开始了，我们要重新投入工作了。

艾　莉：休息了一周，我还挺期待开始工作呢！我们公司已经做好了新一年的规划，绘制了一个美好的蓝图。

如　礼：我也是。现在我们公司已经发展得比较稳定了，西部市场正在进一步开拓，新职员也在招聘中。新的一年我们公司一定会有很大的发展。

瑞　恩：希望大家在新的一年中都能大有作为！

注释 Notes

1. 见家长 jiàn jiāzhǎng：指的是与男/女朋友父母见面的过程，由于这一过程的不确定性、困难度，被中国年轻人视为难题之一。但谈恋爱到一定程度，见家长一般是必需的流程。
2. 带孩子 dài háizi：抚养和照顾孩子。在中国一般有父母亲自带孩子、祖父母帮忙带孩子、外祖父母帮忙带孩子，或者请保姆带孩子。主要是照顾孩子，陪伴孩子。

Huídá Wèntí 回答 问题 Questions about the Text

1. 在子女的恋爱、婚姻问题上，东西方父母的做法一样吗？
2. 孩子结婚后，中国的父母希望和孩子分开住吗？为什么？
3. 在西方，为什么很多年轻人从上大学开始就自己租房子？
4. 如果孩子没有足够的钱买房子，中国人一般怎么办？
5. 婚后有了孩子，中国的爷爷奶奶会帮忙带孙子孙女吗？西方人呢？
6. 瑞恩有了孩子后，打算怎么带孩子？

Yǔfǎ Diǎn 语法 点 Grammar Focus

一、意味

作动词时，指含有某种意义，后面常跟“着”，必须带动词、代词、小句做宾语。作名词时，表示“值得细细体会的意义和趣味”。例如：

(1) 当老年人人数占这个城市的15%时，就意味着这个城市已经进入老龄化社会了。
(2) 这一切意味着什么呢？
(3) 秋天意味着收获。
(4) 课文中那句话意味深长，要反复阅读，才能理解。

二、哪怕……也……

假设兼让步复句，用于口语。连词“哪怕”在前一分句，引出假设的不利或极端的条件，后一分句表示在上文的条件下，结果依然不变。“哪怕……也……”可以换成“即使……也……”“就是……也……”“就算……也……”。但“哪怕……也……”的语气更强烈。例如：

(1) 哪怕下大雨，你也不应该迟到。
(2) 哪怕你不爱听，我也要说。
(3) 你能不能给我一点时间？哪怕一个小时也好。
(4) 只要能买到火车票，哪怕是站票也没关系。

三、则

1. 连词，书面用语，相当于“那么就”，表示条件关系。前一分句说明条件或情况，“则”连接的后一分句说明结果。例如：

(1) 如果你不努力，机会则不会到来。
(2) 每到节日，则游人特别多。

2. 副词，表示对比，常用于后一分句。例如：

(3) 周末，爸爸喜欢在家看电视，妈妈则常常去逛街买东西。
(4) 在中国，南方人喜欢吃米饭，北方人则爱吃面食。

四、靠

1. 依靠。

(1) 靠一千座金山，不如靠自己的双手。
(2) 我们一家全靠父亲的工资生活。

2. 接近或挨着某地方。

(3) 他的房间里，靠窗户放着一张书桌。
(4) 他们家，前面有河，后面靠山。

3. 人或物体倚着其他人或物体。

(5) 孩子喜欢靠在妈妈身上。
(6) 他靠着栏杆，吹着风，舒服得很。

Cíyǔ Biànxī 词语辨析 Word Differentiation

一、发表/表达

“发表”，①向集体或社会表达（意见）；宣布。例如：发表谈话、发表声明。再如：代表团成员已经确

定，名单尚未正式发表。②在刊物上登载(文章、绘画、歌曲等)。例如：发表论文。

“表达”是用语言形式，也就是口头说出或用笔头写出思想、感情、态度等。例如：

(1) 同学们围着老师七嘴八舌地发表意见，希望多开展些有趣的活动。
(2) 他在《青年报》上发表了一篇文章，真令人羡慕。
(3) 我向他表达了我的感激之情。
(4) 中小学语文要加强作文教学，提高学生的书面与口头表达能力。

二、独立/独自

“独立”指不依靠别人，是一种能力，强调一个人也可以做好某件事。“独自”是只有自己一个人，只强调单独一人。例如：

(1) 我们要有独立解决问题的能力。
(2) 我们对任何问题都要有独立的思考，不能总是听别人说。
(3) 我幻想着有一天可以独自一人去环游世界。
(4) 傍晚的时候，我喜欢独自一人去散步。

三、干扰/打扰

“干扰”和“打扰”都有“扰乱”的意思。不同的是，“打扰”是无意的或不得已的行为，“干扰”是干预、妨碍的行为。“干扰”有时是非人为的，例如：无线电波受到干扰。“打扰”只是指人的行为。例如：

(1) 由于信号受到干扰，电视很不清楚。
(2) 不要干扰别人的工作。
(3) 不好意思，打扰您休息了。
(4) 打扰一下，能问您借下笔吗？

四、积累/积蓄

二者都既可作动词又可作名词。二者的区别在于，作动词时，“积累”的对象可以是金钱，也可以是其他事物；而“积蓄”的对象主要指金钱。作名词时，“积蓄”是指积攒的钱；“积累”既可以是钱，也可以是其他东西。例如：

(1) 这几年，他积累了丰富的工作经验。
(2) 他把这些资金积累起来，用于发展教育事业。
(3) 工作了十年，他有了不少积蓄。
(4) 这些积蓄是要用来养老的。

五、观念/观点

都是名词，都有“看法”的意思，但两个词的语义侧重点有所不同。“观念”是人们在长期的生活和生产实践当中形成的对事物的总体的综合的认识，侧重指一个群体对事物的总的看法。“观点”是指具体的人对客观事物的具体看法。例如：

(1) 现在有些农村还有重男轻女的观念。
(2) 说实话，我并不赞同你的观点。
(3) 这只是我个人的观点，还请大家多提意见。
(4) 做事要有是非观念和正义感。
(5) 他推动了科学和民主观念的传播。

Liànxí 练习 Exercise

一、看图填空。According to the pictures, fill in the blanks with the words you have learnt in this lesson.

1. 这个想法得到了公司大部分员工的________。

A. 持续　　B. 支撑　　C. 支持

2. 7 月 4 日是美国的________日。

A. 独立　　B. 独自　　C. 孤独

3. 噪声(zàoshēng，noise)________他睡觉。

A. 干扰　　B. 干净　　C. 干燥(gānzào；dry)

4. 爷爷________以后经常去公园。

A. 退后　　B. 退休　　C. 退回

5. 中西方的很多________都不同。

A. 想念　　　　B. 观看　　　　C. 观念

二、选词填空。Complete the sentences with the right words.

A　魅力　责任　积蓄　观念　负担

1. 安全生产,________重大。
2. 自从爸爸出国以后,妈妈的家务________更重了。
3. 改革,必须抛弃旧思想,树立新________。
4. 昆明风景如画,是一个很有________的城市。
5. 王阿姨很会过日子,家里月月都有________。

B　干扰　耽误　投入　存在　减轻

6. 宇宙中的其他星球是否有生命________,现在还不知道。
7. 电视信号受到飞机的________。
8. 前几年,他因为迷恋电子游戏________了学习,现在非常后悔。
9. 政府想方设法________农民的负担。
10. 国家________大量资金,改善农村中小学的办学条件。

三、选择正确的词语填空。Complete the sentences with the right words.

1. 我对他的感激之情很难用语言来________。
   A. 发表　　　B. 表达
2. 他在会议上________了自己的看法。
   A. 发表　　　B. 表达
3. 今年他________了一篇论文。
   A. 发表　　　B. 表达
4. 这首歌________了出门在外的人对母亲的深深思念之情。
   A. 发表　　　B. 表达
5. ________能力要从小就开始培养。
   A. 独立　　　B. 独自
6. 他常常________一人去旅游。
   A. 独立　　　B. 独自

7. 这些日子________您了，非常感谢！

   A. 干扰　　B. 打扰

8. 机器时常会出故障，严重________我们工作的进展。

   A. 干扰　　B. 打扰

9. 为了写出优秀的文章，他________了很多材料。

   A. 积累　　B. 积蓄

10. 他把所有________都用来买车了。

   A. 积累　　B. 积蓄

11. 关于这个问题，请大家发表一下各自的________。

   A. 观念　　B. 观点

12. 你的一些________也得改变，才能做到跟时代一起进步。

   A. 观念　　B. 观点

四、从两个句子中选出正确的句子。Choose the correct one from each pair of sentences below.

1. （　　）

   A. 婚后有了孩子，可能会爷爷奶奶帮忙带。

   B. 爷爷奶奶会帮忙带孩子。

2. （　　）

   A. 爷爷奶奶帮忙带孩子，可以降低我们的负担。

   B. 这样做会增加我们的负担。

五、用所给的词语完成句子或对话。Complete the dialogues or sentences with the words given.

1. 我们的产量从 500 台提高到了 800 台，________________________________。（意味着）
2. A：你为什么反复阅读这篇文章？

   B：________________________________。（意味）
3. 别人的意见，________________________________。（哪怕……也……）
4. A：王明做事认真吗？

   B：________________________________。（哪怕……也……）
5. 他坐公共汽车上班，我________________________________。（则）
6. A：你们俩各自有什么兴趣爱好啊？

   B：________________________________。（则）

六、英译汉。Translate the sentences below into Chinese.

1. We have independent spaces and will not interfere with each other.

   ____

2. How did you spend your holiday?

   ____

3. Seeing each other's parents in China means being ready to get married.

____

4. Many young people can not afford to buy a house, and they can only rent.

____

5. You should take full responsibility.

____

Běnkè Huígù 本课回顾 Looking Back

一、关键句填空。Complete the key sentences.

1. 在中国见家长是不是________着准备结婚了？
2. 很多人________结婚后也喜欢跟父母住在一起。
3. 西方人则觉得年轻人早就是________的个体了，什么都要________自己。
4. 这样我们既不________工作，又能照顾到家庭，两全其美。
5. 中西方的婚姻家庭________差异挺大的。

二、如礼的日记。Please help Ruli finish his diary using the words given.

观念　责任　差异　结婚　退休　支持　意味　带

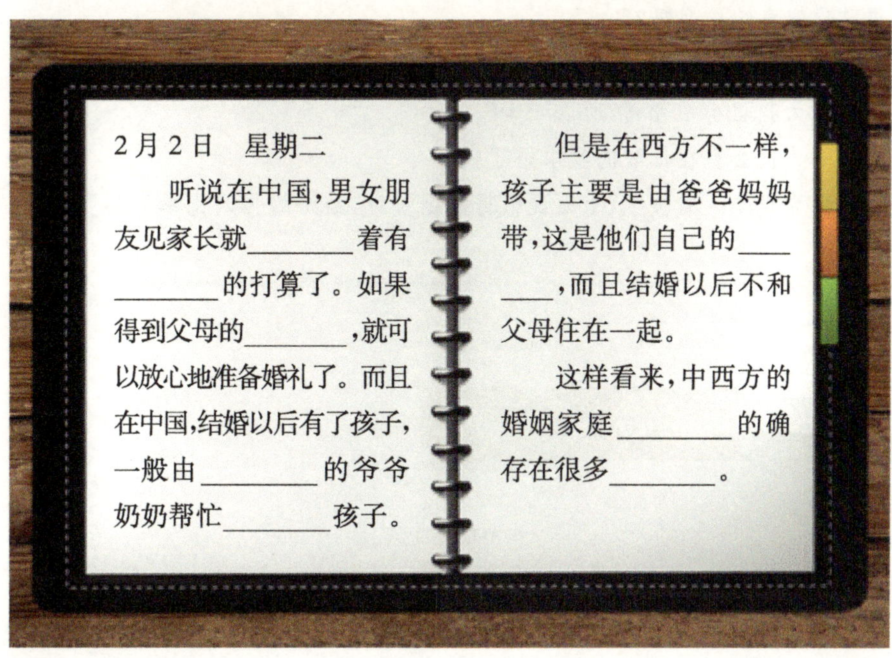

2月2日　星期二

听说在中国，男女朋友见家长就________着有________的打算了。如果得到父母的________，就可以放心地准备婚礼了。而且在中国，结婚以后有了孩子，一般由________的爷爷奶奶帮忙________孩子。

但是在西方不一样，孩子主要是由爸爸妈妈带，这是他们自己的________，而且结婚以后不和父母住在一起。

这样看来，中西方的婚姻家庭________的确存在很多________。

Jiāoliú Lùntán 交流论坛 Forum

1. 说说中西方婚姻家庭观念还有哪些差异。在你们的国家，男女朋友见家长意味着什么？

2. 在你们国家，小孩子一般由爸爸妈妈带，还是由爷爷奶奶带呢？你觉得哪种方式更好？

Qīngsōng Yíkè 轻松一刻 Fun Time

男："你愿意嫁给我吗？"

女："认识这么久了，为什么现在才跟我求婚？"

男："因为我胆小怕死啊，所以……"

女："那为什么现在你敢向我求婚了呢？"

男："因为我昨天看报纸，上面说根据数据统计，结婚的男人比单身的要长寿。"

Bǔchōng Shēngcí 补充生词 Supplementary Words

1. 嫁 jià	*v.*	marry
2. 求婚 qiúhūn	*v.*	make a proposal
3. 胆小 dǎnxiǎo	*adj.*	timid
4. 敢 gǎn	*v.*	dare
5. 根据 gēnjù	*prep.*	according to
6. 数据 shùjù	*n.*	data
7. 统计 tǒngjì	*v.*	statistics

8. 单身 dānshēn　*n.*　single
9. 长寿 chángshòu　*adj.*　longevity

Tuòzhǎn Yuèdú 拓展 阅读 Extensive Reading

十二生肖

在中国跟人聊天时，有时候我们会问："你属什么？"根据他的回答"我属马""我属鼠""我属蛇"等，我们就能算出他的年龄。用十二种动物来与十二地支相配，这里出现的动物一共有十二个，即为"十二生肖"，又叫属相，包括鼠、牛、虎、兔、龙、蛇、马、羊、猴、鸡、狗、猪。一个人在哪一年出生，就是哪个属相。这是中国从古代就用来纪年的方法，一直用到今天。

十二生肖的起源与动物崇拜有关。十二生肖是十二地支的形象化代表，即子(鼠)、丑(牛)、寅(虎)、卯(兔)、辰(龙)、巳(蛇)、午(马)、未(羊)、申(猴)、酉(鸡)、戌(狗)、亥(猪)。每一种生肖都有丰富的传说，并作为悠久的民俗文化符号，在历代留下了大量描绘生肖形象和象征意义的诗歌、春联、书画和民间工艺作品。现在，更多人把生肖作为春节的吉祥物，表达对中国新年的祝福。

你知道今年是什么年吗？如果按照中国的属相来算的话，你属什么？

fù lù yī kè běn shēng cí zǒng biǎo
附录一 课本生词总表

		A		
按时	ànshí	*adv.*	on schedule; on time	(8)
熬夜	áoyè	*v.*	burn the midnight oil; stay up late	(14)
		B		
把握	bǎwò	*v./n.*	grasp, seize/reliability; confidence	(12)
拜年	bàinián	*v.*	pay a New Year call; pay a New Year visit	(14)
班级	bānjí	*n.*	class and grade	(3)
绑定	bǎngdìn	*v.*	bind	(9)
榜样	bǎngyàng	*n.*	role model	(12)
薄利多销	bólìduōxiāo		small profits but quick turnover	(5)
饱和	bǎohé	*v.*	saturate; equilibrate	(11)
保证	bǎozhèng	*v.*	ensure; assure	(9)
报告	bàogào	*n.*	report	(11)
爆竹	bàozhú	*n.*	firecrackers	(14)
背景	bèijǐng	*n.*	background; setting	(2)
笔试	bǐshì	*v.*	paper test	(1)
毕竟	bìjìng	*adv.*	after all; in the final analysis	(13)
鞭炮	biānpào	*n.*	firecrackers; a string of small firecrackers	(14)
辩论	biànlùn	*v.*	argue; debate	(3)
表格	biǎogé	*n.*	form; table; sheet	(4)
表示	biǎoshì	*v.*	show; signify; denote	(14)
补贴	bǔtiē	*n.*	subsidy; allowance	(4)
不败之地	búbàizhīdì	*n.*	an invincible position	(11)
不妨	bùfáng	*adv.*	might as well	(10)

（续表）

C				
猜	cāi	*v.*	speculate；guess	(12)
材料	cáiliào	*n.*	material	(1)
财务	cáiwù	*n.*	finance；financing	(1)
采购	cǎigòu	*v.*	purchase	(1)
采用	cǎiyòng	*v.*	use；adopt；employ	(7)
踩	cǎi	*v.*	stamp；tread	(13)
踩高跷	cǎi gāoqiāo	*v.*	walk on stilts	(14)
菜品	càipǐn	*n.*	variety of dishes	(13)
参考	cānkǎo	*v.*	refer，consult	(9)
参考价	cānkǎo jià	*n.*	RP (Reference Price)；reference value	(8)
参与	cānyù	*v.*	participate in；take part in	(2)
册	cè	*n.*	book；volume	(7)
策划	cèhuà	*v.*	plan；scheme	(2)
策略	cèluè	*n.*	strategy	(5)
茶水间	cháshuǐ jiān	*n.*	pantry room；tea room	(4)
差旅费	chāilǚ fèi	*n.*	travel expenses	(8)
差异	chāyì	*n.*	difference	(15)
产品	chǎnpǐn	*n.*	product	(5)
长远	chángyuǎn	*adj.*	long-term；long-range	(11)
唱腔	chàngqiāng	*n.*	singing tune	(6)
超越	chāoyuè	*v.*	surpass；transcend	(11)
成本	chéngběn	*n.*	cost	(5)
成绩单	chéngjì dān	*n.*	academic transcript	(1)
成效	chéngxiào	*n.*	effect；efficiency	(7)
程度	chéngdù	*n.*	degree；level；extent	(4)
持续	chíxù	*v.*	continue；sustain	(11)
充电	chōngdiàn	*v.*	recharge；charge	(4)
充足	chōngzú	*adj.*	adequate；sufficient；abundant；ample	(13)
崇拜	chóngbài	*v.*	worship；adore	(3)
抽奖	chōujiǎng	*v.*	lucky draw；lotto	(13)
出差	chūchāi	*v.*	be on a business trip	(4)
出行	chūxíng	*v.*	trip；going out	(10)
出谋划策	chūmóuhuàcè	*v.*	give counsel；give advice and suggestions	(5)

（续表）

出资	chūzī	v.	funding; capital subscription	(15)
除夕	chúxī	n.	Chinese New Year's Eve; Lunar New Year's Eve	(14)
穿插	chuānchā	v.	do alternately	(13)
传统	chuántǒng	n	tradition	(6)
窗花	chuānghuā	n.	paper-cut for window decoration	(14)
创新	chuàngxīn	v.	innovate; bring forth new ideas	(11)
创造	chuàngzào	v.	create	(8)
春运	chūnyùn	n.	Spring Festival travel rush; Spring Festival travel season	(14)
辞旧迎新	cíjiùyíngxīn	v.	ring out the Old Year and ring in the New Year	(14)
次日	cìrì	n.	the next day	(9)
促销	cùxiāo	v.	promote	(7)
存在	cúnzài	v.	exist	(15)
		D		
达到	dádào	v.	reach; attain; achieve	(4)
大有作为	dàyǒuzuòwéi		be able to develop one's skill to full	(12)
代表	dàibiǎo	v./n.	on behalf of; represent/representative	(3)
代言	dàiyán	v.	endorsement; represent	(7)
带动	dàidòng	v.	drive; put in motion	(12)
带薪	dàixīn	v.	paid holiday	(10)
待遇	dàiyù	n.	treatment	(4)
单位	dānwèi	n.	unit; unit as an organization, department, division, section	(3)
耽误	dānwù	v.	delay	(15)
当仁不让	dāngrénbúràng		not decline to shoulder a responsibility	(13)
灯笼	dēnglong	n.	lantern	(14)
灯谜	dēngmí	n.	lantern riddles; riddles written on lanterns	(14)
地位	dìwèi	n.	status	(6)
典礼	diǎnlǐ	n.	ceremony	(3)
电子产品	diànzǐ chǎnpǐn	n.	electronics; electronic products	(8)
电子商务	diànzǐ shāngwù	n.	e-commerce	(5)

（续表）

调查	diàochá	*v./n.*	investigate; survey	(11)
订单	dìngdān	*n.*	order for goods	(8)
定期	dìngqī	*v./adj.*	fix a date/terminal; at regular intervals	(7)
定位	dìngwèi	*v./n.*	locate/location; orientation	(5)
动员	dòngyuán	*v.*	mobilize; call up	(13)
动作	dòngzuò	*n.*	action; motion	(6)
独特	dútè	*adj.*	special; original; distinctive	(6)
锻炼	duànliàn	*v.*	have physical training; take exercise	(3)
对联	duìlián	*n.*	couplet	(14)
多亏	duōkuī	*adv.*	luckily; thanks to; owing to	(6)
		F		
发表	fābiǎo	*v.*	publish; announce	(15)
发言	fāyán	*v.*	make a statement	(3)
发展	fāzhǎn	*v.*	blossom; develop	(4)
翻译	fānyì	*v.*	interpret; translate	(3)
反正	fǎnzhèng	*adv.*	anyhow	(13)
范围	fànwéi	*n.*	scope; range	(8)
方案	fāng'àn	*n.*	scheme; programme; project	(13)
沸点	fèidiǎn	*n.*	boiling point	(13)
费用	fèiyòng	*n.*	expense	(8)
分成	fēnchéng	*v./n.*	divide into; separate into/shared revenue	(8)
分配	fēnpèi	*v.*	distribute	(8)
分享	fēnxiǎng	*v.*	share	(3)
份额	fèn'é	*n.*	share; portion; lot; quotient	(5)
否则	fǒuzé	*adv.*	otherwise; or else; if not	(4)
服装	fúzhuāng	*n.*	dress; clothing; costume	(6)
符合	fúhé	*v.*	conform; coincide	(1)
福利	fúlì	*n.*	welfare; well-being	(4)
付款	fùkuǎn	*v.*	pay	(9)
负担	fùdān	*v./n.*	shoulder; bear/burden; load	(15)
负责	fùzé	*v.*	be responsible for; in charge of	(1)

（续表）

G				
感染	gǎnrǎn	*v.*	infect	(7)
干杯	gānbēi	*v.*	toast	(12)
干劲	gànjìn	*n.*	enthusiasm; vigour	(12)
干扰	gānrǎo	*v.*	disturb; obstruct	(15)
高端	gāoduān	*adj.*	high-end	(5)
搞	gǎo	*v.*	do; get; make; carry on	(3)
个体	gètǐ	*n.*	individual	(15)
各自	gèzì	*pron.*	respectively	(11)
根据	gēnjù	*prep./n.*	according to/foundation; grounds	(3)
耕耘	gēngyún	*v.*	cultivate, plough and weed	(12)
更新	gēngxīn	*v.*	update	(4)
工商	gōngshāng	*n.*	industry and commerce	(1)
功课	gōngkè	*n.*	homework; lesson; schoolwork	(6)
功劳	gōngláo	*n.*	contribution; merit	(12)
攻略	gōnglüè	*n.*	strategy	(10)
恭喜	gōngxǐ	*v.*	congratulate	(12)
共享	gòngxiǎng	*v.*	share	(10)
共赢	gòngyíng	*v.*	win-win	(8)
沟通	gōutōng	*v.*	communicate	(1)
鼓励	gǔlì	*v.*	encourage	(12)
故宫	gùgōng	*n.*	the Imperial Palace	(10)
关键	guānjiàn	*n./adj.*	key; crux; hinge	(7)
关系	guānxì	*n.*	relation; relationship	(15)
观念	guānniàn	*n.*	concept; notion	(15)
官网	guānwǎng	*n.*	official website	(9)
管理	guǎnlǐ	*v./n.*	administer/management	(1)
广泛	guǎngfàn	*adj.*	abroad; wide range	(2)
广交会	guǎngjiāohuì	*n.*	Canton Fair; China Import and Export Fair	(7)
归根到底	guīgēndàodǐ	*adv.*	in the final analysis; after all	(11)
规范	guīfàn	*n.*	standard; criterion	(2)
规划	guīhuà	*v./n.*	plan/project; programme	(3)

（续表）

规模	guīmó	*n.*	scale；size；proportion	(1)
国粹	guócuì	*n.*	the quintessence of a country	(6)
过程	guòchéng	*n.*	course；process	(3)
过硬	guòyìng	*adj.*	have a perfect mastery of sth.	(3)
		H		
行业	hángyè	*n.*	industry	(8)
合脚	héjiǎo	*v.*	fitting one's feet	(9)
合同	hétong	*n.*	contract；pact；compact	(6)
合影	héyǐng	*v.*	group photo	(3)
合作	hézuò	*v.*	collaborate	(2)
和谐	héxié	*adj.*	harmonious	(4)
核心	héxīn	*n.*	kernel；core	(11)
红包	hóngbāo	*n.*	red paper containing money as a gift	(14)
胡同	hútong	*n.*	alley，lane	(10)
互动	hùdòng	*v.*	interact	(13)
互利	hùlì	*v.*	mutual benefit	(8)
花灯	huādēng	*n.*	festive lantern （as displayed on the Lantern Festival）	(14)
话剧	huàjù	*n.*	drama；straight play	(6)
环节	huánjié	*n.*	link，step	(5)
环境	huánjìng	*n.*	environment；surroundings	(2)
回报	huíbào	*v./n.*	pay back/return for report	(12)
会计	kuàijì	*n.*	accountant	(1)
绘制	huìzhì	*v.*	draw	(15)
婚姻	hūnyīn	*n.*	marriage；matrimony	(15)
活跃	huóyuè	*v./adj.*	brisk；animate/active；dynamic；lively	(13)
货比三家	huòbǐsānjiā		shop around	(9)
获得	huòdé	*v.*	obtain；acquire；gain	(2)
获奖	huòjiǎng	*v.*	win a prize；win an award	(2)
获益匪浅	huòyìfěiqiǎn		reap no little benefit	(3)
		J		
机会	jīhuì	*n.*	chance；opportunity	(2)

（续表）

机遇	jīyù	*n.*	opportunity；chance	(12)
积极	jījí	*adj.*	positive；active	(3)
积累	jīlěi	*v.*	accumulate	(12)
积蓄	jīxù	*v./n.*	save/saving	(15)
基本	jīběn	*adj.*	basic；fundamental；elementary	(6)
基础	jīchǔ	*n.*	basis	(3)
激励	jīlì	*v.*	stimulate	(11)
激烈	jīliè	*adj.*	vehement	(11)
集思广益	jísīguǎngyì	*v.*	draw on the wisdom of the masses	(5)
集体	jítǐ	*n.*	collective；group	(13)
集中	jízhōng	*v.*	concentrate；focus	(8)
技能	jìnéng	*n.*	technical ability；skill	(3)
季度	jìdù	*n.*	quarter of a year	(7)
加薪	jiāxīn	*v.*	salary increase；raise the pay	(4)
加油	jiāyóu	*v.*	refuel；cheer；pump it	(12)
价值	jiàzhí	*n.*	value；worth	(13)
减轻	jiǎnqīng	*v.*	lighten；alleviate；relieve；ease	(15)
奖金	jiǎngjīn	*n.*	bonus	(2)
奖品	jiǎngpǐn	*n.*	prize；award；trophy	(13)
奖项	jiǎngxiàng	*n.*	awards	(13)
奖学金	jiǎngxuéjīn	*n.*	scholarship	(2)
降临	jiànglín	*v.*	come；arrive；befall	(12)
交际	jiāojì	*v.*	communicate；contact	(2)
交流	jiāoliú	*v.*	exchange；interchange	(8)
交易	jiāoyì	*v./n.*	trade；deal；transact/transaction	(5)
结合	jiéhé	*v.*	combine；unite	(15)
金融	jīnróng	*n.*	finance；banking	(11)
进取	jìnqǔ	*v.*	keep forging ahead	(12)
进修	jìnxiū	*v.*	engage in advanced studies	(12)
京剧	jīngjù	*n.*	Peking Opera	(6)
经典	jīngdiǎn	*n./adj.*	classics；sutra；scriptures/classic	(6)
经费	jīngfèi	*n.*	expenditure	(13)

（续表）

经历	jīnglì	*n./v.*	experience/undergo	(2)
精力	jīnglì	*n.*	energy；vigour	(8)
精通	jīngtōng	*v.*	proficient in；skillful at	(2)
精致	jīngzhì	*n.*	delicacy	(13)
景点	jǐngdiǎn	*n.*	scenic spot	(10)
景气	jǐngqì	*n.*	prosperity	(7)
净利润	jìnglìrùn	*n.*	retained profits；net margin	(5)
局限	júxiàn	*v./n.*	limit/limitation	(5)
举办	jǔbàn	*v.*	conduct；hold	(7)
具备	jùbèi	*v.*	have；possess	(2)
具体	jùtǐ	*adj.*	specific；definite	(1)
俱乐部	jùlèbù	*n.*	recreation club；club	(3)
剧目	jùmù	*n.*	a list of plays or operas	(6)
		K		
开发	kāifā	*v.*	exploit；develop	(11)
开阔	kāikuò	*v./adj.*	wide/widen	(14)
开朗	kāilǎng	*adj.*	sanguine；open and clear	(1)
开拓	kāituò	*v.*	open up	(5)
开销	kāixiāo	*v./n.*	spend；pay expense/spending；expenditure	(4)
开展	kāizhǎn	*v.*	carry out	(3)
开支	kāizhī	*n.*	expenditure	(5)
考察	kǎochá	*v.*	investigate；inspect	(11)
考核	kǎohé	*v.*	check；assess；examine	(2)
可靠	kěkào	*adj.*	reliable	(5)
客服	kèfú	*n.*	customer service	(9)
空间	kōngjiān	*n.*	space	(5)
口碑	kǒubēi	*n.*	public praise	(9)
夸奖	kuājiǎng	*v.*	praise；compliment	(3)
快速	kuàisù	*adj.*	quick；rapid；fast	(7)
宽敞	kuānchǎng	*adj.*	spacious；commodious	(4)
狂人	kuángrén	*n.*	madman；maniac	(4)
扩大	kuòdà	*v.*	enlarge；amplify	(1)

（续表）

L				
蓝图	lántú	*n.*	blueprint；positive print	(15)
理解	lǐjiě	*v.*	comprehend；understand	(6)
力度	lìdù	*n.*	dynamics；vigor	(11)
立足	lìzú	*v.*	based；keep a foothold	(3)
利润	lìrùn	*n.*	profit	(5)
利用	lìyòng	*v.*	utilize；take advantage of	(10)
例会	lìhuì	*n.*	regular meeting；regular session	(10)
联欢	liánhuān	*v.*	have a get-together	(14)
联系	liánxì	*v.*	contact	(9)
脸谱	liǎnpǔ	*n.*	facial makeup	(6)
恋爱	liàn'ài	*v./n.*	have a love affair/love	(15)
两全其美	liǎngquánqíměi		make the best of both worlds	(15)
领跑	língpǎo	*v.*	take the lead in race	(11)
领先	lǐngxiān	*v.*	leading	(8)
领域	lǐngyù	*n.*	domain；field	(4)
留念	liúniàn	*v.*	accept as a souvenir	(3)
流通	liútōng	*v.*	circulate	(5)
隆重	lóngzhòng	*adj.*	solemn；ceremonious	(10)
录用	lùyòng	*v.*	hire；employ	(1)
轮到	lúndào	*v.*	turn	(12)
落后	luòhòu	*adj.*	backward；fall behind；lag behind	(4)
M				
媒体	méitǐ	*n.*	media	(7)
魅力	mèilì	*n.*	charm	(15)
秘书	mìshū	*n.*	secretary	(1)
面临	miànlín	*v.*	be faced with；be confronted with	(11)
民宿	mínsù	*n.*	homestay	(10)
名额	míng'é	*v.*	the number of people assigned or allowed	(12)
明确	míngquè	*adj./v.*	clear-cut；explicit/pinpoint	(3)
模仿	mófǎng	*v.*	imitate；simulate	(11)
模式	móshì	*n.*	pattern；schema	(8)

（续表）

魔术	móshù	*n.*	conjuring; magic	(13)
目标	mùbiāo	*n.*	target; goal	(4)
N				
拿手	náshǒu	*adj.*	adept; be good at	(13)
难得	nándé	*adj.*	rare	(12)
难怪	nánguài	*adv.*	no wonder	(12)
年糕	niángāo	*n.*	New Year cake; rice cake	(14)
年会	niánhuì	*n.*	annual meeting; annual conference	(13)
年假	niánjià	*n.*	annual leave; annual vacation	(10)
年味儿	niánwèir	*n.*	the Spring Festival atmosphere	(14)
年夜饭	niányèfàn	*n.*	New Year's Eve dinner	(14)
年终	niánzhōng	*n.*	the end of the year	(13)
浓	nóng	*adj.*	thick, dense	(10)
P				
派	pài	*v.*	appoint; assign	(12)
判断	pànduàn	*v.*	judge; decide	(9)
培训	péixùn	*v.*	train	(4)
培养	péiyǎng	*v.*	train; cultivate; foster	(3)
配备	pèibèi	*v.*	equip; outfit	(8)
品牌	pǐnpái	*n.*	trademark; brand	(7)
平台	píngtái	*n.*	platform	(5)
评价	píngjià	*v.*	evaluate; appraise	(9)
迫不及待	pòbùjídài		can't wait, in haste	(10)
扑	pū	*v.*	snap; rush at; throw oneself on	(12)
普照	pǔzhào	*v.*	illuminate all things	(13)
Q				
期待	qīdài	*v.*	expect; look forward to	(15)
齐心协力	qíxīnxiélì	*v.*	shoulder to shoulder; work together	(12)
企业	qǐyè	*n.*	enterprise; company	(2)
起步	qǐbù	*v.*	start	(8)
起薪	qǐxīn	*n.*	starting salary; initial emolument	(2)
气氛	qìfēn	*n.*	atmosphere	(4)

（续表）

气息	qìxī	*n.*	breath，odor	(10)
洽谈	qiàtán	*v.*	negotiate	(8)
谦虚	qiānxū	*n.*	modesty	(12)
签订	qiāndìng	*v.*	conclude and sign	(6)
前程似锦	qiánchéngsìjǐn		have an infinitely bright future；splendid prospects	(3)
前景	qiánjǐng	*n.*	prospect；foreground；vista	(2)
潜力	qiánlì	*v.*	potential；capacity	(11)
清楚	qīngchu	*adj.*	clear	(9)
情节	qíngjié	*n.*	plot	(6)
情况	qíngkuàng	*n.*	condition；situation；case	(15)
情商	qíngshāng	*n.*	EQ(emotional quotient)	(3)
请教	qǐngjiào	*v.*	consult；seek advice from	(3)
求职	qiúzhí	*v.*	to apply for a job；apply for a position	(3)
渠道	qúdào	*n.*	channel	(5)
取得	qǔdé	*v.*	obtain；acquire	(11)
确定	quèdìng	*v.*	determine；confirm；ensure	(5)
群体	qúntǐ	*n.*	group；colony	(7)
		R		
燃放	ránfàng	*v.*	set off	(14)
热烈	rèliè	*adj.*	enthusiastic；fervent；ardent	(7)
人才	réncái	*n.*	talents；person with ability	(2)
人力资源	rénlìzīyuán	*n.*	HR(human resource)	(1)
人山人海	rénshānrénhǎi		crowded conditions	(10)
人物	rénwù	*n.*	figure；character	(6)
人性化	rénxìnghuà	*v./adj.*	humanize/humanized	(4)
日益	rìyì	*adv.*	increasingly	(11)
荣幸	róngxìng	*adj.*	honored；pleasure	(3)
融洽	róngqià	*adj.*	harmonious	(4)
融入	róngrù	*v.*	blend in；integrate；infuse	(4)
如何	rúhé	*adv.*	how	(8)
入职	rùzhí	*v.*	taking work；on boarding	(3)
软件	ruǎnjiàn	*n.*	software	(1)

（续表）

S				
善于	shànyú	*v.*	be adept in；be good at	(2)
商家	shāngjiā	*n.*	merchant	(9)
商圈	shāngquān	*n.*	business district；trading area	(9)
商谈	shāngtán	*v.*	negotiate	(8)
上演	shàngyǎn	*v.*	put on the stage	(6)
社会	shèhuì	*n.*	society；community	(6)
社团	shètuán	*n.*	mass organization	(3)
深刻	shēnkè	*adj.*	profound	(2)
甚至	shènzhì	*conj.*	even；indeed	(9)
升旗	shēngqí	*v.*	raise the flag	(10)
升职	shēngzhí	*v.*	promote；to raise in rank or position	(4)
生动	shēngdòng	*adj.*	vivid；lively	(13)
生涯	shēngyá	*n.*	career	(12)
声誉	shēngyù	*n.*	reputation	(8)
省钱	shěngqián	*v.*	save money	(4)
时刻	shíkè	*n.*	moment；hour	(14)
实地	shídì	*adv./n.*	in real earnest；on the spot/actual place	(11)
实践	shíjiàn	*v.*	practice	(3)
实施	shíshī	*v.*	implement；carry out	(5)
实体店	shítǐ diàn	*n.*	entity shop；physical store	(5)
实物	shíwù	*n.*	entity；material object	(9)
实现	shíxiàn	*v.*	realize；come true	(4)
市场营销	shìchǎng yíngxiāo	*n.*	marketing	(1)
事假	shìjià	*n.*	leave for personal affairs	(10)
事项	shìxiàng	*n.*	matter；items	(9)
试用期	shìyòng qī	*n.*	probationary period；trial period	(1)
适应	shìyìng	*v.*	adapt；acclimatize oneself to	(2)
收获	shōuhuò	*v./n.*	harvest；gain；reap/results；acquisition	(2)
收入	shōurù	*n.*	income	(4)
收益	shōuyì	*n.*	income	(8)
守岁	shǒusuì	*v.*	stay up late on New Year's Eve	(14)

（续表）

舒适	shūshì	*adj.*	comfort；cozy	(4)
熟练	shúliàn	*adj.*	skilled；practised；proficient	(2)
熟悉	shúxī	*v.*	be familiar with；know well	(9)
属于	shǔyú	*v.*	belong to；be part of	(8)
述职	shùzhí	*v.*	report on one's work	(13)
树立	shùlì	*v.*	set up；establish；erect	(7)
顺便	shùnbiàn	*adv.*	by the way；in passing	(6)
说服	shuōfú	*v.*	persuade；convince	(7)
四合院	sìhéyuàn	*n.*	quadrangle dwellings	(10)
送达	sòngdá	*v.*	deliver	(9)
随时随地	suíshísuídì	*adv.*	any time any where	(5)
随意	suíyì	*v.*	at will	(4)
汤圆	tāngyuán	*n.*	sweet dumplings	(14)
特征	tèzhēng	*n.*	characteristic；feature；trait；	(7)
		T		
提拔	tíbá	*v.*	elevate；promote	(12)
提交	tíjiāo	*v.*	submit；present	(11)
提升	tíshēng	*v.*	promote；lift；elevate	(4)
提议	tíyì	*v.*	propose；suggest	(8)
体会	tǐhuì	*v./n.*	experience；taste；realize/what one has learned from work，study etc.	(2)
体验	tǐyàn	*v.*	experience	(10)
挑战	tiǎozhàn	*v./n.*	challenge/the challenge	(11)
条件	tiáojiàn	*n.*	condition；facilities	(1)
通讯费	tōngxùnfèi	*n.*	communication expense；	(8)
通知	tōngzhī	*v./n.*	inform/notification；message	(1)
同行	tóngháng	*n.*	peer	(7)
投	tóu	*v.*	deliver；cast；throw；send	(3)
投放	tóufàng	*v.*	put in；throw in；put (goods) on the market	(7)
投入	tóurù	*v.*	put into	(15)
投资	tóuzī	*v.*	invest	(11)
突出	tūchū	*v./adj.*	outstand/outstanding；prominent	(7)
突破	tūpò	*v.*	break through	(5)

（续表）

团聚	tuánjù	*v.*	reunite	(14)
推动	tuīdòng	*v.*	drive；promote	(8)
推广	tuīguǎng	*v.*	generalize；popularize；promote	(5)
推介	tuījiè	*v.*	refer	(7)
退款	tuìkuǎn	*v.*	refund	(9)
退休	tuìxiū	*v.*	retire	(15)
		W		
外贸	wàimào	*n.*	foreign trade	(1)
网购	wǎnggòu	*v.*	online shopping	(9)
网站	wǎngzhàn	*n.*	website；network station	(5)
稳定	wěndìng	*v./adj.*	stabilize/stable	(11)
无缘	wúyuán	*v.*	have not had the luck (to do sth.)	(13)
五星级	wuxīngjí	*adj.*	five-star	(13)
武打戏	wǔdǎxì	*n.*	martial arts movie	(6)
舞龙舞狮	wǔlóng wǔshī	*v.*	Dragon-Lion dance	(14)
舞台	wǔtái	*n.*	stage	(6)
物流	wùliú	*n.*	logistics；physical distribution	(5)
		X		
吸引	xīyǐn	*v.*	appeal to；attract；draw	(6)
牺牲	xīshēng	*v./n.*	sacrifice/a beast slaughtered for sacrifice	(5)
习俗	xísú	*n.*	convention；custom	(14)
喜气洋洋	xǐqìyángyáng		be bursting with happiness；be radiant with joy	(14)
系统	xìtǒng	*n.*	system	(5)
细节	xìjié	*n.*	detail	(8)
下滑	xiàhuá	*v.*	glide	(7)
限制	xiànzhì	*v./n.*	limit/restriction	(5)
线下	xiànxià	*n.*	offline；below the line	(5)
相通	xiāngtōng	*v.*	communicate with each other	(6)
相应	xiāngyìng	*adj.*	corresponding；relevant	(13)
享受	xiǎngshòu	*v.*	enjoy	(10)
享用	xiǎngyòng	*v.*	enjoy the use of	(4)

（续表）

消费者	xiāofèizhě	*n.*	consumer；customer	(5)
销售部	xiāoshòu bù	*n.*	sales department；sales division	(1)
销售额	xiāoshòu'é	*n.*	amount of sales；sales volume	(5)
效果	xiàoguǒ	*n.*	result；effect	(2)
效益	xiàoyì	*n.*	benefit；beneficial result	(13)
协会	xiéhuì	*n.*	association	(3)
写字楼	xiězìlóu	*n.*	office building	(4)
泄露	xièlòu	*v.*	let out；divulge；leak	(9)
辛苦	xīnkǔ	*adj.*	hard；laborious；toilsome	(12)
欣赏	xīnshǎng	*v.*	appreciate；enjoy	(10)
薪水	xīnshuǐ	*n.*	salary；payment	(2)
信赖	xìnlài	*v.*	trust；count on	(8)
形成	xíngchéng	*v.*	form	(11)
形式	xíngshì	*n.*	form；shape；modality	(6)
形象	xíngxiàng	*n.*	image；figure；form	(7)
需求	xūqiú	*n.*	demand；need；requirement	(11)
宣传	xuānchuán	*v.*	propagandize；broadcast	(7)
学历	xuélì	*n.*	education background	(1)
学业	xuéyè	*n.*	school work	(3)
寻找	xúnzhǎo	*v.*	search；seek；look for	(8)
		Y		
压岁钱	yāsuìqián	*n.*	money given to children as a lunar New Year gift	(14)
烟花	yānhuā	*n.*	fireworks	(14)
眼界	yǎnjiè	*n.*	field of vision	(14)
演唱会	yǎnchàng huì	*n.*	concert	(6)
演出	yǎnchū	*v./n.*	perform/performance；show	(6)
演讲	yǎnjiǎng	*v./n.*	lecture；speech/give a lecture；make a speech	(2)
业绩	yèjì	*n.*	performance	(2)
业务	yèwù	*n.*	business；professional work	(4)
一体	yìtǐ	*n.*	an organic whole	(15)
仪式	yíshì	*n.*	rite；ceremony	(10)

（续表）

颐和园	yíhéyuán	*n.*	the Summer Palace	(10)
艺术	yìshù	*n.*	art	(6)
意见	yìjiàn	*n.*	opinion；comment	(15)
意味	yìwèi	*v./n.*	mean；signify/meaning；implication	(15)
引进	yǐnjìn	*v.*	introduce；recommend；bring in	(11)
引擎	yǐnqíng	*n.*	engine	(5)
印象	yìnxiàng	*n.*	impression	(14)
迎接	yíngjiē	*v.*	welcome；greet	(14)
影响	yǐngxiǎng	*v./n.*	affect；impact/effect	(7)
应届	yīngjiè	*adj.*	the present graduating year	(1)
应有尽有	yīngyǒujìnyǒu		have everything that one expects to find	(9)
优势	yōushì	*n.*	advantage；superiority	(2)
尤其	yóuqí	*adv.*	particularly；especially	(11)
与其	yǔqí	*conj.*	rather than；it is better to	(10)
寓意	yùyì	*n.*	implied meaning	(14)
元宵节	yuánxiāojié	*n.*	the Lantern Festival (15th of the first lunar month)	(14)
原件	yuánjiàn	*n.*	master copy；original copy	(1)
阅兵	yuèbīng	*v.*	review troops	(10)
阅读	yuèdú	*v.*	read	(3)
运输费	yùnshū fèi	*n.*	traffic expense	(8)
		Z		
赞成	zànchéng	*v.*	approve of；agree with	(13)
赞助	zànzhù	*v.*	sponsor	(7)
责任	zérèn	*n.*	duty；responsibility	(15)
责任感	zérèngǎn	*n.*	sense of duty； sense of responsibility	(1)
扎实	zhāshi	*adj.*	sturdy；strong；solid	(3)
展会	zhǎnhuì	*n.*	exhibition；trade show	(7)
展示	zhǎnshì	*v.*	display；exhibit；demonstrate	(7)
占有率	zhànyǒulǜ	*n.*	occupancy	(5)
长辈	zhǎngbèi	*n.*	elder；eldership	(14)

（续表）

掌握	zhǎngwò	v.	grasp; master	(2)
招聘	zhāopìn	v.	hands wanted recruit	(1)
照顾	zhàogù	v.	care for; look after	(15)
针对性	zhēnduìxìng	n.	pertinence; pertinency	(7)
正规	zhèngguī	adj.	regular; normal	(9)
正式	zhèngshì	adj./adv.	official/officially; in due form	(1)
证书	zhèngshū	n.	certification	(1)
支持	zhīchí	v.	support; sustain	(15)
支付宝	zhīfùbǎo	n.	Alipay	(9)
知名	zhīmíng	adj.	famous; well-known	(2)
知名度	zhīmíngdù	n.	popularity; publicity	(7)
值得	zhídé	v.	deserve	(8)
职业	zhíyè	n.	occupation; profession	(3)
职员	zhíyuán	n.	office clerk	(1)
职责	zhízé	n.	duty, responsibility	(5)
指导	zhǐdǎo	v.	direct; guide	(4)
制定	zhìdìng	v.	formulate; enact	(5)
制造	zhìzào	v.	manufacture	(8)
中西合璧	zhōngxīhébì		a combination of Chinese and Western elements	(15)
重头戏	zhòngtóuxì	n.	an opera difficult to act or sing	(13)
周到	zhōudào	adj.	considerate	(10)
周年庆	zhōuniánqìng	n.	anniversary celebration	(2)
逐渐	zhújiàn	adv.	little by little	(3)
主动	zhǔdòng	v.	initiative	(12)
主动权	zhǔdòngquán	n.	the initiative power or right to take action	(11)
主管	zhǔguǎn	v.	in charge	(12)
祝福	zhùfú	v./n.	bless; wish happiness to/benediction; blessing	(14)
祝愿	zhùyuàn	v.	wish	(14)
状况	zhuàngkuàng	n.	condition; state; status	(2)
准	zhǔn	adv.	accurately	(6)
资料	zīliào	n.	data; material	(1)
资讯	zīxùn	n.	information; message	(3)

（续表）

资助	zīzhù	*v.*	subsidize；fund	(15)
自行	zìxíng	*adv.*	voluntarily；by oneself	(13)
自然	zìrán	*n.* *adj.* *adv.*	nature natural naturally	(7)
自由	zìyóu	*n./adj.*	freedom；liberty/free	(13)
字幕	zìmù	*n.*	subtitle；caption	(6)
总结	zǒngjié	*v.*	summarize	(13)
走亲戚	zǒuqīnqi	*v.*	call on relatives	(14)
租	zū	*v.*	rent	(15)
足不出户	zúbùchūhù		keep indoors	(9)
组织	zǔzhī	*v.*	organize	(3)
作为	zuòwéi	*v.*	conduct；act as	(3)

附录二 BCT(B)级词汇(4000个)

A

啊,矮,爱,爱好,爱护,爱人,爱惜,爱心,安检,安静,安排,安全,安慰,安心,安置,安装,按,按期,按时,按照,案例,昂贵,熬夜

B

八/捌,拔,把,把关,把握,爸爸,罢工,吧,白酒,白领,白天,百/佰,百分比,百分点,百分之,摆,摆脱,拜访,拜年,拜托,班,班车,班次,班机,颁布,颁发,搬,搬迁,搬运,版本,版权,办法,办公室,办理,半,半途而废,帮忙,帮助,榜样,棒,傍晚,包,包工头,包裹,包含,包涵,包间,包括,包退包换,包销,包装,包子,包租,薄,宝贵,饱,饱和,保持,保存,保管,保护,保留,保险,保修,保养,保障,保证,保质期,保重,报表,报酬,报答,报到,报道,报复,报告,报关,报价,报名,报盘,报社,报销,报纸,抱,抱歉,抱怨,暴跌,暴利,杯,悲观,北,北京,备案,备份,备忘录,备选,备注,背,背景,倍,被,被动,被子,本,本地,本金,本科,本来,本领,本钱,本人,本事,本息,本质,笨,崩溃,鼻子,比,比较,比例,比率,比如,比赛,比值,比重,彼此,笔,笔记本,必然,必须,必需,必要,毕竟,毕业,闭幕,避免,编号,编辑,贬值,变化,变相,便利,便条,便于,遍,辩论,标价,标间,标明,标签,标书,标题,标志,标准,表达,表格,表面,表明,表情,表示,表现,表演,表扬,别,别人,别墅,宾馆,冰,冰箱,丙,饼干,并购,并列,并且,病,病毒,病假,拨打,拨款,波动,播放,博览会,博士,博物馆,薄利多销,薄弱,不必,不错,不但……而且,不断,不过,不见得,不客气,不耐烦,不用,补,补偿,补充,补贴,补助,不,不安,不得不,不得了,不法,不妨,不管,不好意思,不仅,不可抗力,不然,不如,不惜,不止,不足,布局,布置,步行,步骤,部分,部件,部门,部署,部长

C

擦,猜,才,才能,材料,材质,财产,财富,财经,财力,财务,财政,裁判,裁员,采访,采购,采纳,采取,采用,菜,菜单,参观,参加,参考,参与,参照,餐巾纸,餐具,餐厅,残次品,惭愧,仓储,仓促,仓库,舱位,操心,操作,草案,草稿,草拟,草率,册,厕所,侧面,测量,测试,测验,策划,策略,层,层次,叉子,插,插座,差别,差错,差价,差距,差异,茶,查询,差,差不多,差点儿,拆,拆迁,差旅费,产品,产假,产生,产业,产业链,产值,长,长处,长度,长期,长寿,长途,长远,尝,尝试,常常,常年,常识,偿还,厂家,厂商,场,场地,场合,场面,场所,畅通,畅销,唱歌,抄,抄送,钞票,超过,超级,超市,嘲笑,吵,吵架,炒,炒股,炒汇,炒鱿鱼,炒作,车库,车厢,车站,彻底,撤销,沉默,陈列,衬衫,趁,趁机,称,称呼,称赞,成,成本,成分,成功,成果,成绩,成交,成就,成立,成人,成熟,成套,成为,成效,成员,成长,诚恳,诚实,诚信,诚意,承办,承包,承担,承诺,承认,承受,城市,乘客,乘务员,乘坐,程度,程序,惩罚,橙子,吃饭,吃紧,吃惊,吃亏,迟到,迟早,持平,持续,尺寸,赤字,冲,冲击,冲突,充当,充电器,充分,充满,充值,充足,重复,重申,重新,抽奖,抽空,抽屉,抽象,抽烟,酬劳,酬谢,筹备,筹集,丑,臭,出,出版,出差,出发,出境,出口,出门,出名,出纳,出让,出色,出生,出示,出售,出席,出现,出租车,初,初步,初级,初中,除非,除了,除夕,厨房,厨师,处分,处境,处理,处

置，储备，储藏，储存，储蓄，处长，穿，传播，传单，传统，传真，船，窗户，窗口，床，床单，创办，创建，创立，创新，创业，创造，春，春节，春天，词典，辞退，辞职，此时，此外，次，次序，次要，刺激，匆忙，聪明，从，从此，从来，从前，从事，凑巧，粗，粗心，促进，促使，促销，醋，催，存，存款，存在，存折，磋商，挫折，措施，错，错误

D

搭档，搭配，答应，打 dá，达成，达到，答案，答复，打 dǎ，打包，打车，打工，打架，打交道，打卡，打篮球，打喷嚏，打扰，打扫，打算，打听，打印，打招呼，打折，打针，大，大大，大胆，大方，大概，大家，大批，大厦，大使馆，大写，大型，大学，大约，待，大夫，代表，代驾，代金券，代理，代替，代言，带，带动，带领，贷款，待遇，怠慢，戴，担保，担任，担心，单独，单据，单，耽误，淡季，蛋糕，当初，当然，当时，当心，党员，档案，档次，刀，导航，导游，导致，倒，倒闭，倒霉，倒时差，到，到处，到达，到底，到期，倒酒，盗版，道德，道理，道歉，得到，地，的，得 de，得 děi，灯，登机牌，登记，登录，等〈动〉，等〈助〉，等待，等候，等级，等于，低，低廉，低劣，低碳，的士，的确，抵偿，抵达，抵押，底，底价，底薪，地道，地点，地方，地理，地区，地铁，地图，地位，地震，地址，递交，递增，第一，典当，典礼，典型，点，点头，点心，点子，电池，电话，电脑，电器，电视，电梯，电信，电影院，电源，电子邮件，垫付，吊销，调查，调动，调研，掉，丁，叮嘱，订，订单，订金，定，定点，定额，定期，定位，丢，丢人，东，东方，东西，冬，董事长，懂，动工，动机，动力，动身，动态，动用，动员，动作，冻结，都，都市，督促，独家，独立，独特，独资，读，堵车，度，度过，短，短缺，短信，断，锻炼，队，对〈介〉，对〈形〉，对比，对不起，对策，对待，对方，对付，对话，对讲机，对立，对面，对手，对象，对于，对照，兑换，兑现，吨，顿，多，多亏，多么，多少，多余，多元化，躲

E

俄罗斯，俄语，额度，额外，恶化，恶劣，饿，儿子，而且，耳朵，耳机，二/贰，二手

F

发，发表，发布，发财，发达，发挥，发明，发票，发烧，发生，发现，发行，发言，发展，罚款，法定，法规，法律，法人，法庭，法院，翻，翻番，翻译，凡是，烦，繁忙，反比，反对，反而，反复，反馈，反弹，反应，反映，反正，返回，饭店，饭馆，范围，方，方案，方便，方法，方面，方式，方向，防止，妨碍，房地产，房东，房间，房卡，房租，访问，放，放假，放弃，放松，放心，飞，飞机，飞快，非，非常，非法，非洲，肥，废除，废品，费力，费用，分，分辨，分辩，分别，分布，分工，分红，分类，分配，分批，分期，分数，分析，分钟，纷纷，粉色，份，奋斗，丰富，丰盛，风，风格，风景，风气，风趣，风俗，风险，封，封闭，讽刺，否定，否决，否认，否则，夫人，服从，服务员，服装，浮动，符合，幅，幅度，福利，辅导，父亲，付款，负担，负面，负责，负债，附加，附件，附近，复习，复印，复杂，复制，副，副本，副作用，富有，富裕，腹泻

G

改变，改革，改进，改良，改善，改造，改正，改组，盖章，概况，概括，概念，干，干杯，干脆，干净，干预，干燥，赶紧，赶快，敢，感动，感激，感觉，感冒，感情，感受，感想，感谢，干部，干活儿，刚才，刚刚，岗位，港口，高，高档，高端，高峰，高级，高利贷，高速，高兴，高中，告别，告辞，告诉，胳膊，格局，格式，格外，个，个别，个人，各，各界，各式各样，各自，给，根本，根据，根源，跟，跟踪，更改，更换，更正，更，更加，工厂，工程师，工会，工具，工人，工薪族，工业，工艺品，工资，工作，公安局，公布，工费，公共汽车，公关，公积金，公斤，公开，公款，公里，公路，公平，公司，公务舱，公务员，公用电话，公寓，公园，公证，功劳，功能，攻击，供不应求，供给，供应，恭喜，巩固，共计，共同，贡献，沟通，构成，构造，购买，购物，购置，够，估计，孤独，古典，股东，股份，股票，鼓励，鼓舞，鼓掌，固定，故事，故意，故障，顾客，顾问，雇佣，刮风，挂，挂号，挂失，拐弯，怪不得，关，关闭，关键，关卡，关税，关系，关心，关于，关照，官，官方，观察，观点，观念，观众，管理，管制，光，光滑，

光临，光盘，广播，广场，广泛，广告，逛，归还，归纳，规定，规范，规格，规划，规矩，规律，规模，规则，规章，柜台，贵，贵姓，贵重，国产，国籍，国际，国家，国企，国庆节，果然，果汁，过〈动〉，过程，过度，过分，过户，过奖，过敏，过目，过期，过去，过剩，过失，过时，过〈助〉

H

还〈副〉，还是，孩子，海关，海外，海鲜，海运，害怕，害羞，含量，寒假，喊，汉堡包，汉语，汉字，汗，行货，行家，行情，行业，航班，航空，豪华，好，好吃，好处，好久，好像，好转，号，号码，号召，好客，好奇，耗费，喝，合并，合法，合格，合伙，合计，合理，合适，合同，合影，合资，合租，合作，何必，何况，和，核对，核算，核心，盒，黑，黑板，黑车，黑市，很，横幅，衡量，红，红包，红茶，红利，红酒，后，后果，后悔，后来，后面，后勤，后台，后天，厚，候补，候选人，忽然，忽视，胡说，胡同，互惠互利，互联网，互相，户口，户外，护士，护照，花，花费，化学，画画儿，话题，怀念，怀疑，怀孕，坏，坏处，欢迎，还〈动〉，还原，环比

环节，环境，缓解，换，黄，黄金，黄油，灰，灰心，挥，挥霍，恢复，回，回答，回扣，回落，回收，回信，回忆，回执，毁约，汇报，汇款，汇率，汇总，会，会餐，会见，会谈，会议，会员，惠顾，婚礼，婚姻，活动，活期，活跃，火，火车，伙伴，或许，或者，货币，货物，获得

J

几乎，机场，机构，机关，机会，机器，机遇，鸡，鸡蛋，积分，积极，积累，积压，积攒，基本，基础，基金，基数，基准，激动，激发，激活，激励，激烈，及格，及时，级别，极，极其，即将，即日，即使，急，急忙，急诊，集合，集体，集团，集中，集资，嫉妒，籍贯，几，挤，给予，计划，计算，计算机，计算器，记得，记，记忆，记者，纪录，纪律，纪念，纪要，技能，技巧，技术，系，季度，季节，既然，继承，继续，寄，寄存，寂寞，绩效，加，加班，加倍，加工，加急，加盟，加强，加油，加油站，夹子，家，家具，家庭，家务，家乡，家喻户晓，嘉宾，甲，假，假冒伪劣，假如，假设，假装，价格，价钱，价位，价值，驾驶，驾照，假期，坚持，坚固，坚决，坚强，艰巨，艰苦，艰难，监督，监视，兼并，兼职，捡，检查，检验，减产，减肥，减少，剪彩，剪刀，简便，简称，简单，简介，简历，简体字，简要，见解，见面，件，间接，建立，建设，建议，建筑，健康，健身房，渐渐，鉴别，鉴定，鉴于，键盘，将，将近，将来，讲，讲话，讲价，讲解，讲究，讲座，奖金，奖励，奖学金，奖状，降低，降落，酱油，交，交代，交换，交际，交接，交流，交谈，交通，交往，交易，郊区，骄傲，教，角，角度，饺子，脚，搅拌，缴纳，叫，教材，教练，教师，教室，教授，教训，教育，阶段，结实，接，接触，接待，接风洗尘，接近，接洽，接收，接受，接替，街道，节，节目，节能，节日，节省，节约，结构，结果，结合，结婚，结局，结论，结束，结算，结账，截止，截至，解除，解答，解雇，解决，解释，介绍，戒烟，届，届时，界限，借，借记卡，借鉴，接口，借条，斤，今年，今天，金融，津贴，仅仅，尽管，尽快，尽量，紧，紧急，紧张，谨慎，尽力，尽职尽责，进，进步，进货，进价，进口，进行，进展，近，近代，近来，近年，近视，晋升，禁止，京剧，经常，经典，经费，经过，经济，经济舱，经理，经历，经商，经手，经销，经验，经营，惊讶，精彩，精力，精品，精神，精通，景气，景色，警察，警告，警惕，净重，净赚，竞标，竞争，竟然，敬酒，敬礼，镜子，纠纷，纠正，究竟，九/玖，久，久仰，酒吧，酒店，酒精，旧，救，救护车，就，就餐，就近，就业，就职，居留许可，居然，居住，局部，局限，局域网，局长，橘子，举，举办，举行，巨大，拒绝，具备，具体，俱乐部，据说，距离，聚会，捐款，捐赠，决策，决定，决赛，决心，觉得，绝对，均匀

K

咖啡，卡，开，开办，开场白，开除，开发，开放，开关，开户行，开价，开幕式，开始，开水，开拓，开玩笑，开心，开业，开展，开支，刊登，砍价，看，看病，看不起，看法，看见，看来，看望，考察，考核，考虑，考勤，考试，考验，烤，烤鸭，靠，科技，科目，科学，科长，咳嗽，可爱，可观，可靠，可口，可怜，可能，可视电话，可是，可惜，可行，可以，渴，克，克服，刻，刻苦，客服，客观，客户，客气，客人，客厅，课程，肯定，恳求，空，空姐，空气，空调，

空运，恐怖，恐怕，空儿，空白，控股，控制，口，口岸，口碑，口袋，口头，口味，口语，扣，哭，苦，库存，库房，裤子，夸奖，夸张，垮，跨，会计，块，快，快餐，快递，快乐，快速，筷子，宽，款，款待，款式，旷工，况且，矿泉水，框架，亏，亏本，亏损，困，困难，扩大

L

垃圾桶，拉，拉肚子，辣，来，来宾，来不及，来得及，来往，来源，来自，拦，栏目，蓝，蓝领，篮球，懒，浪费，劳动力，劳驾，劳务费，牢骚，老，老板，老师，老是，老实，老字号，乐观，乐趣，了，累计，类似，类型，累，冷，冷藏，冷静，厘米，离，离开，礼拜天，礼节，礼貌，礼品，礼物，礼仪，里(边)，理财，理发，理解，理论，理念，理赔，理事会，理想，理由，力度，力量，力气，历史，厉害，立场，立即，立刻，利弊，利害，利率，利润，利息，利益，利用，例会，例如，例外，例子，俩，连，连接，连忙，连锁店，连续，联合，联络，联系，联想，廉价，脸，脸色，练习，良好，量，凉快，两，亮，辆，聊天，了不起，了解，列，列车，列举，邻居，临时，零，零件，零钱，零售，领带，领导，领事馆，领头，领先，领域，另外，浏览，流畅，流程，流动，流利，流水线，流通，流行，留学，留言，六/陆，隆重，垄断，楼，楼盘，楼市，楼梯，漏税，露面，陆续，录取，录像，录音，录用，路，路过，旅店，旅馆，旅客，旅途，旅行社，旅游，履行，律师，绿，乱，轮船，轮流，论坛，逻辑，落，落后，落实

M

妈妈，麻烦，马虎，马上，码头，骂，吗，买，买单，买方，卖，卖点，馒头，满，满意，满足，慢，忙，毛病，毛巾，毛利润，毛衣，矛盾，冒昧，冒牌，冒险，贸易，帽子，没关系，没有，媒介，媒体，每，美观，美国，美丽，美元，门，门口，门禁卡，门诊，们，梦，梦想，弥补，迷，迷路，米，米饭，秘密，秘书，密码，密切，免除，免费，免税，免提，勉强，面包，面对，面积，面临，面试，面条，面议，面子，描述，描写，秒，民营，民用，民族，敏感，名称，名次，名单，名副其实，名列榜首，名牌，名片，名声，名胜古迹，名誉，名字，明白，明确，明天，明显，明星，命令，摸索，模仿，模糊，模式，摩托车，末，陌生，某，模板，母亲，目标，目的，目录，目前，沐浴露

N

拿，哪(哪儿)，哪怕，那(那儿)，那么，纳税，奶酪，耐心，耐用，男，南，难，难道，难怪，难过，难免，难受，脑袋，脑力，闹，闹钟，呢，内部，内存，内地，内行，内科，内容，能，能干，能力，能源，你(你们)，拟定，年，年代，年度，年纪，年龄，年轻，年薪，您，牛肉，牛奶，扭亏为盈，扭转，农产品，农村，农贸市场，农民，农业，弄，努力，怒，女，女儿，女士，女性，暖和，挪

O

欧元，欧洲，偶尔，偶然

P

爬山，怕，拍，拍卖，拍摄，拍照，排，排队，排行榜，排列，排名，牌价，牌照，牌子，派，派出所，派对，派遣，盘点，盘问，盘子，判定，判断，盼望，旁边，胖，抛售，跑步，泡沫，泡汤，陪同，培训，培养，赔本，赔偿，佩服，配备，配合，配件，配套，配置，朋友，碰，批，批发，批量，批评，批准，疲劳，啤酒，脾气，偏差，偏见，篇，便宜，片，片面，骗，票，票据，漂亮，拼搏，拼车，拼命，拼音，频道，频繁，频率，品尝，品牌，品质，品种，聘请，聘任，聘用，乒乓球，平，平安，平板电脑，平等，平方米，平衡，平静，平均，平时，平台，平稳，评比，评估，评级，评价，评论，评审，评选，凭，凭证，苹果，屏幕，瓶，迫切，破产，葡萄，朴实，普遍，普及，普通话

Q

七/柒，沏，妻子，期待，期间，期望，期限，欺负，欺骗，欺诈，齐全，其次，其实，其他，其余，其中，奇怪，奇迹，骑，企业，启程，启动，启发，启示，启事，起草，起床，起点，起飞，起伏，起来，起码，起诉，起薪，气，气氛，气候，气色，气温，汽油，恰当，恰到好处，恰巧，恰如其分，洽谈，千/仟，千克，千万，铅笔，谦虚，签，签订，签

名，签署，签约，签证，签字，前，前景，前年，前期，前台，前提，前天，前途，钱，潜力，潜在，浅，欠，歉意，墙，强，强调，强烈，抢，抢救，抢手，强迫，敲，桥，瞧，巧，巧合，巧克力，窍门，切，亲戚，亲切，亲自，勤奋，勤快，青睐，轻，轻工业，轻视，轻松，轻易，清楚，清单，清理，清晰，情报，情景，情况，情绪，晴，请，请假，请柬，请教，请客，请求，请示，请帖，庆贺，庆祝，穷，秋，求职，区，区别，区域，曲线，驱动，趋势，趋向，渠道，取，取得，取消，去，去年，圈子，权力，权利，权限，权威，权益，全部，全面，全局，全球化，全体，劝告，缺，缺点，缺乏，缺口，缺少，缺席，却，确保，确定，确立，确切，确认，确实，裙子，群

R

然而，然后，让，让步，让利，热，热爱，热点，热烈，热闹，热情，热线，热销，热心，人，人才，人工，人均，人力资源，人民币，人身，人事部，人性化，人员，人造，忍不住，忍耐，忍受，认识，认为，认真，任何，任命，任务，任职，扔，仍旧，仍然，日，日本，日常，日程，日记，日历，日期，日益，日用品，日元，荣幸，荣誉，容量，容纳，容易，融洽，融资，如果，如何，如下，入境，入口，入迷，入手，入席，软，软件，软卧，锐减，弱，弱点

S

撒谎，三/叁，三明治，伞，散步，嗓子，扫描，杀，杀毒，杀价，沙发，删除，闪电，善良，善于，擅长，伤害，伤心，商标，商场，商店，商机，商量，商品，商品房，商人，商谈，商务，商务舱，商业，商议，上(面)，上班，上班族，上报，上层，上当，上等，上海，上级，上进，上门服务，上任，上升，上市，上述，上网，上午，上限，上旬，上涨，稍微，勺子，少，少量，少数，奢侈品，舍不得，设备，设法，设计，设立，设施，设想，设宴，设置，社会，社区，涉及，涉外，摄像，摄影，谁，申报，申请，伸，身份证，身高，身体，深，深厚，深刻，什么，审查，审核，审计，审批，甚至，慎重，升幅，升值，升职，生，生病，生产，生产率，生动，生活，生命，生气，生日，生效，生意，声调，声音，声誉，胜利，胜任，省，省会，省略，省钱，省事，圣诞节，盛情，剩，失败，失眠，失陪，失去，失望，失误，失效，失业，师范，师傅，施工，湿，十/拾，十分，时差，时常，时代，时候，时机，时间，时刻，时髦，时期，时尚，时装，实话，实惠，实际，实践，实力，实施，实体，实习，实现，实行，实验，实用，实在，食品，食物，使，使劲儿，使用，始终，世纪，世界，市，市场，示范，示意图，式样，似的，事故，事假，事件，事情，事实，事务，事物，事先，事项，事业，试，试点，试卷，试图，试行，试验，试用，视频，是，是否，适当，适合，适应，适用，收，收购，收获，收据，收入，收拾，收益，收银台，收支，手，手表，手段，手法，手工，手机，手术，手套，手提箱，手续，手指，守法，首，首都，首付，首屈一指，首席，首先，受不了，受到，受贿，受伤，授权，售后服务，售货员，售票处，瘦，书，书店，书法，书记，书架，书面语，舒服，舒适，输，输入，蔬菜，熟，熟练，熟悉，暑假，属于，鼠标，数数，树立，数额，数据，数量，数码，数目，数学，数值，数字，刷，刷卡，刷牙，衰退，摔，帅，双，双方，双赢，爽快，水，水果，水货，水平，税，税务局，睡觉，顺便，顺利，顺序，说，说法，说服，说话，说明，说明书，硕士，丝绸，司法，司机，私企，私人，私营，私有，私自，思考，思路，思想，撕，死，四/肆，似乎，送，送行，搜集，搜索，素质，速度，宿舍，酸，算，算了，虽然……但是，随便，随身，随时，随手，随意，随着，岁，碎，损耗，损坏，损失，缩短，缩小，缩写，所，所得税，所以，所有，索赔，锁

T

他(他们)，他人，它，她，踏实，台，抬，抬价，太，太极拳，太太，太阳，态度，摊位，谈，谈话，谈判，坦白，坦率，探亲，探讨，汤，糖，躺，烫，趟，逃避，淘汰，讨价还价，讨论，讨厌，套，特别，特长，特点，特区，特权，特色，特殊，特意，特征，疼，疼爱，踢足球，提案，提拔，提倡，提成，提纲，提高，提供，提货，提交，提前，提升，提示，提问，提醒，提议，题材，题目，体会，体力劳动，体谅，体贴，体系，体现，体验，体制，体重，替代，天空，天气，天然，添，甜，填，填空，挑选，条，条件，条款，条形码，条例，调剂，调节，调解，调理，调料，调整，挑战，跳槽，跳舞，听，听说，停，停车位，停工，停留，停止，停滞，挺，通常，通告，通过，通宵，通行，通讯，通知，同比，同

步，同等，同行，同类，同期，同情，同时，同事，同学，同样，同意，同志，统筹，统计，统一，痛苦，痛快，偷，偷懒，偷税，头，头等舱，头发，投标，投产，投放，投机，投票，投入，投诉，投影仪，投资，透明度，透支，突出，突然，图案，图表，图片，图书馆，图像，图纸，途径，团队，团购，团结，推测，推迟，推出，推辞，推动，推断，推广，推荐，推销，腿，退，退步，退出，退还，退换，退休，吞并，托运，拖延，脱，妥当，妥善，妥协，拓展

W

袜子，歪，外(边)，外包，外表，外地，外观，外国，外行，外汇，外交，外快，外卖，外贸，外企，外套，外向，外语，外资，完，完成，完美，完全，完善，完整，玩，玩具，玩笑，挽回，晚，晚安，晚点，晚会，晚上，碗，万，万一，万事如意，网吧，网点，网购，网络，网球，网页，网站，网址，往，往常，往返，往来，往事，往往，忘记，旺季，危害，危机，危险，威胁，威信，微博，微笑，微信，为期，为止，违背，违法，违反，围绕，唯一，维持，维护，维修，伟大，伪造，尾款，委屈，委托，委员会，卫生，为，为了，为什么，未必，未来，位，位于，位置，味道，胃，胃口，喂，温度，温暖，温柔，文本，文档，文化，文件，文件夹，文学，文章，文字，闻，稳定，稳重，问，问候，问卷，问题，我(我们)，卧铺，握手，污染，屋子，无偿，无聊，无论，无人问津，无数，无所谓，无限，无效，五/伍，午饭，舞会，勿，务必，物超所值，物美价廉，物价，物流，物品，物业，物质，误差，误会，雾，雾霾

X

西，西餐，西方，西瓜，西医，西装，吸取，吸收，吸烟，吸引，希望，习惯，习俗，洗，洗手间，洗澡，喜欢，系列，系统，细节，细心，细则，下(面)，下班，下达，下跌，下岗，下功夫，下滑，下级，下降，下列，下属，下调，下午，下雨，下载，吓，夏，夏季，先，先进，先生，掀，咸，衔接，嫌，显得，显然，显示器，显著，县，现场，现代化，现货，现金，现实，现象，现在，限，限期，限行，限制，线，线路，陷，陷阱，羡慕，相差，相处，相当，相对，相反，相符，相关，相互，相继，相似，相同，相信，相应，香，香蕉，香皂，箱子，详细，享受，享有，享誉，响，想，想法，想念，想象，向，项，项目，象征，像，消除，消费品，消耗，消化，消失，消息，销毁，销路，销售，小，小吃，小贩，小费，小姐，小票，小时，小数点，小偷，小心，小意思，小组，孝顺，效果，效劳，效率，效益，笑，笑话，些，歇，协办方，协定，协会，协商，协调，协议，协助，协作，携带，鞋，写，写字楼，泄漏，卸，谢谢，谢意，心理，心情，心事，心意，心愿，辛苦，欣赏，欣慰，新，新闻，新鲜，新颖，薪酬，薪水，信，信封，信号，信赖，信任，信息，信心，信用卡，信誉，兴办，兴奋，兴隆，兴旺，星期，行，行程，行动，行贿，行李箱，行驶，行为，行政，形成，形式，形势，形象，形状，型号，醒，兴趣，幸福，幸好，幸会，幸亏，幸运，性别，性格，性价比，性能，性质，姓，姓名，胸卡，休假，休息，休闲，修，修订，修改，修理，修饰，修正，须知，虚假，虚伪，虚心，需求，需要，许多，序号，序言，叙述，续约，宣布，宣传，选拔，选择，削减，学历，学期，学生，学位，学问，学习，学校，雪，血型，寻求，寻找，询问，训练，迅速

Y

压力，压缩，押金，牙齿，牙膏，牙刷，亚洲，烟，延长，延迟，延缓，延期，延误，延续，严格，严谨，严禁，严厉，严肃，严重，沿海，沿途，研究生，研讨会，盐，颜色，眼光，眼睛，眼镜，眼色，眼下，演出，演讲，演示，演员，咽，宴会，宴请，宴席，验收，验证，养成，样本，样品，样式，样子，要求，邀请，摇，摇头，遥控器，药，要，要不，要点，要紧，要是，要素，钥匙，也，也许，业绩，业务，业余，页，页码，夜，一/壹，一流，衣服，医生，医院，依次，依据，依靠，依赖，依然，依托，依照，一次性，一旦，一定，一概，一共，一会儿，一块儿，一路顺风，一律，一切，一系列，一下儿，一样，一再，一致，仪式，移动，移交，移民，遗憾，疑问，疑心，乙，已经，以，以便，以后，以及，以来，以前，以上，以外，以为，以下，椅子，一般，一边，一点儿，一帆风顺，一口价，一起，一些，一直，义务，亿，艺术，议案，议程，议定书，议论，异议，抑制，意见，意识，意思，意外，意向，意义，毅力，因此，因而，因素，因为……所以，阴天，音乐，银，银行，引导，引起，引入，引用，饮料，隐瞒，隐私，印刷，印象，印章，应该，应

届，英镑，英国，英雄，英文，迎接，盈利，营销，营养，营业，赢，影响，应酬，应付，应聘，应邀，应用，硬，硬币，硬件，硬盘，硬卧，硬座，拥抱，拥护，拥挤，拥有，永远，勇敢，勇气，涌现，用，用法，用户，用力，用途，用心，佣金，优点，优化，优惠，优良，优美，优盘，优势，优先，优秀，优越，幽默，尤其，由，由于，由衷，邮购，邮寄，邮件，邮局，邮票，邮箱，邮政编码，犹豫，油腻，游览，游戏，游泳，友好，友情，友谊，有，有关，有利，有名，有趣，有时候，有限，有效，有益，有意思，有用，又，右，于是，余，鱼，娱乐，愉快，逾期，与其，羽毛球，语气，语言，与会，预报，预测，预订，预防，预付，预计，预期，预算，预习，预约，欲望，遇到，遇见，元，元旦，员工，原告，原价，原件，原来，原谅，原料，原始，原文，原因，原则，圆，圆满，援助，缘分，缘故，远，远程，愿望，愿意，约定，约会，约束，月，阅读，阅历，越，晕，云，允许，运动，运气，运输，运行，运营，运用，运转，酝酿

Z

杂志，杂质，灾害，再，再见，再三，在，在乎，在线，在意，咱，攒，暂时，赞成，赞美，赞助，脏，遭受，糟糕，早，早晨，早点，早上，造成，造价，造型，噪音，则，责备，责任，怎么，怎么样，增幅，增加，增进，增强，增长，赠送，赠品，诈骗，摘，摘要，窄，债，债权，债券，债务，粘，粘贴，展出，展开，展览，展品，展示，展望，展销，崭新，占据，占线，占用，占有率，战略，站，站台，张，章，长辈，涨，涨跌，涨幅，涨价，掌握，丈夫，账单，账号，账户，障碍，招标，招待，招牌，招聘，招收，着，着急，着凉，找，召集，召开，照常，照顾，照旧，照片，照相机，折，折合，折价，折扣，折中，这（这儿），这么，这会儿，这些，这样，着，针对，珍惜，真，真诚，真实，真相，真正，诊断，振动，振奋，振兴，镇静，争端，争论，争取，争议，争执，征求，征收，睁，整，整顿，整个，整合，整洁，整理，整齐，整数，整体，正，正版，正比，正常，正负，正规，正好，正品，正巧，正确，正式，正在，正装，证件，证据，证明，证券，证人，证实，证书，政策，政府，政治，挣钱，之，支，支持，支出，支付，支票，知道，知识，执行，执照，直，直达，直接，直属，直销，值班，值得，职称，职工，职能，职权，职位，职务，职业，职员，只，只好，只是，只要，只有，纸，纸币，纸巾，指，指标，指导，指点，指定，指教，指令，指示，指责，指正，至今，至少，至于，制订，制定，制度，制服，制约，制造，制止，制作，质地，质量，治疗，致辞，致电，致敬，致力于，致使，致谢，秩序，智慧，智力，智能，滞纳金，置换，中，中餐，中断，中国，中间，中介，中立，中秋，中途，中文，中午，中心，中旬，中央，中药，中医，中止，终点，终端，终究，终身，终于，终止，钟，钟点工，种，种类，众多，重，重大，重点，重工业，重量，重视，重要，周，周边，周到，周末，周年，周期，周围，周转，猪，逐步，逐渐，逐年，主办，主持，主导，主动，主观，主管，主机，主流，主人，主任，主食，主题，主体，主席，主要，主意，主张，助理，助手，住，住院，住宅，注册，注入，注释，注销，注意，祝，祝福，祝贺，祝愿，著名，抓紧，专长，专家，专科，专款，专利，专卖店，专门，专题，专心，专业，专员，专职，转，转变，转达，转告，转让，转弯，转移，转折，赚，庄严，装备，装配，装饰，装卸，装修，状况，状态，追，追查，追究，追求，准，准备，准确，准时，准许，准则，卓越，桌子，酌情，着手，着想，着装，着重，咨询，姿势，资本，资产，资格，资金，资料，资深，资源，资质，资助，子公司，仔细，自，自从，自动，自发，自费，自负盈亏，自豪，自己，自觉，自理，自私，自信，自行车，自由，自愿，字典，字母，字幕，宗旨，综合，棕色，总，总部，总裁，总额，总共，总和，总计，总监，总结，总经理，总是，总算，总统，总之，走，走访，走廊，走势，走私，租，租赁，阻碍，阻挡，阻力，阻止，组，组成，组合，组织，嘴，最，最初，最好，最后，最佳，最近，最终，罪，罪犯，醉，尊称，尊敬，尊严，尊重，遵守，遵循，遵照，昨天，左，左边，作废，作家，作品，作为，作业，作用，作者，坐，座，座谈，座位，做，做东，做法，做客，做生意，做主

参考答案

cān kǎo dá àn

第一课　校园招聘——欢迎你来应聘

练习

一、1. B　2. A　3. C　4. A

二、1. C　2. A　3. C　4. B　5. B　6. B　7. B　8. A

三、1. B　2. A　3. A　4. B　5. B　6. A　7. A　8. A　9. B　10. A

四、1. A　2. B

五、1. 这件事由小王来负责处理

2. 好,你负责打扫卫生,买菜做饭由我来负责吧

3. 他的视力不符合那所学校的要求

4. 不错,很符合大众的口味

六、1. 本公司的校园招聘活动由我负责。/我负责本公司的校园招聘活动。

2. 欢迎你来应聘。

3. 一周内我们会给你回复,请等待通知。

4. 我会把个人简历发到(贵)公司邮箱。

5. 我们公司要扩大规模,销售部、研发部、人力资源部和财务部都需要招聘新职员。

本课回顾

一、1. 招聘　负责

2. 应聘

3. 规模　招聘

4. 填写

5. 通知

二、就要　招聘　资料　应聘　通知　原件

第二课　面试——请作一下自我介绍

练习

一、1. A　2. B　3. B　4. A

二、1. 背景　2. 适应　3. 薪水　4. 起薪　5. 前景

6. 善于 7. 优势 8. 机会 9. 效果 10. 业绩

三、1. A 2. B 3. B 4. A 5. B 6. A 7. A 8. B 9. A 10. B

四、1. B 2. A

五、1. 我毕业于上海大学

2. 我于2002年进入大学学习

3. 我深刻地体会到要想学好汉语，一定要多读多写

4. 大家谈了入学一年来的体会

5. 我们需要进一步提高产品质量

6. 我们进一步了解了西安这座古城

7. 请尽快通知我

8. 晚上8点前吧，我一定抓紧时间尽快完成

六、1. 你有工作经验吗？

2. 他各方面条件都不错。

3. 欢迎你来参加今天的面试。

4. 请做一下自我介绍。

5. 这是一个知名的企业，管理很规范。

本课回顾

一、1. 参加 2. 介绍 3. 前景 4. 获得 5. 经历 6. 开朗 善于

二、面试 需要 实习 经验 通过 结果

第三课 毕业典礼——祝贺你毕业了

练习

一、1. B 2. A 3. C 4. C 5. B

二、1. C 2. B 3. A 4. B 5. C 6. B 7. C 8. A 9. B 10. A

三、1. A 2. B 3. B 4. A 5. A 6. B

四、1. B 2. B

五、1. 根据气象台的预报，周六有小雨

2. 根据市场的需要，老板要求我们30天内完成这个工作

3. 因为他常常没有根据地乱说

4. 他的看法很明确，他认为这件事这样处理很不好

5. 他已经明确了毕业后的发展方向

六、1. 刚才的毕业典礼，你作为毕业生代表发言，讲得很精彩。

2. 能有机会在毕业典礼上谈一谈自己四年来的经历和感受，我很荣幸，多谢夸奖！

3. 扎实的专业知识，过硬的专业技能，是在社会上立足的基础。

4. 我不仅提高了汉语水平，还了解了不少企业资讯，逐渐明确了求职方向。

本课回顾

一、1. 祝贺

2. 代表　精彩
3. 机会　荣幸
4. 扎实　技能
5. 明确

二、荣幸　毕业典礼　分享　经验　方向　专业　合影　前程似锦

第四课　企业待遇——你们公司的福利真不错

练习

一、1. A　2. B　3. C　4. C　5. A

二、1. 升职　2. 提升　3. 充电　4. 融入　5. 更新　6. 开销　7. 补贴　8. 目标　9. 收入　10. 待遇

三、1. B　2. A　3. A　4. B　5. A　6. B

四、1. B　2. B

五、1. 没有迟到。好在今天交通通畅，一点儿也没堵车，我才准时赶到了公司
2. 好在水很浅，才没有发生意外
3. 除了上班，还要做家务，真是辛苦
4. 除了打篮球，他还喜欢跑步、游泳等
5. 除了总公司以外，在成都、南京等地还有好多家分公司
6. 除了商品打折以外，还举行了抽奖活动
7. 否则就算迟到
8. 否则今天就不能出去玩
9. 得吃啊，蔬菜营养多样，有利于身体健康
10. 有利于了解中国社会和文化，也有利于提高汉语水平

六、1. 这次培训后，我的能力得到了一定的提升。
2. 我们都喜欢在和谐的气氛中工作。
3. 我的公司离家近，收入也不错
4. 我们一定要努力工作，实现职业目标。
5. 我希望公司每年都会给我们加薪。

本课回顾

一、1. 环境
2. 融洽　气氛
3. 培训　提供
4. 福利　前景
5. 融入　职业

二、融洽　培训　一定　升职　待遇　前景　实现

第五课　销售部职责——今后我们将开拓新的销售渠道

练习

一、1. B　2. A　3. C　4. B

二、1. B　2. B　3. C　4. A　5. C　6. A　7. B　8. C

三、1. B　2. A　3. B　4. A　5. B　6. A

四、1. A　2. B

五、1. 时间确定了，5 月 10 日发货
　　2. 要看国庆放假的具体时间，我现在还不能确定
　　3. 从而开阔了学生的眼界，丰富了学生的学习和生活
　　4. 从而大大提高了销售量
　　5. 对于工作，他一向非常认真
　　6. 对于会议的安排

六、1. 销售部的主要职责是确定销售目标、制定销售策略等。
　　2. 目前主要任务是开拓电子商务渠道。
　　3. 电子商务使人们不受时间、空间的限制，随时随地可以在网上交易。
　　4. 我们要选择合适的网络交易平台、可靠的物流公司、安全的支付系统。

本课回顾

一、1. 目标
　　2. 局限
　　3. 渠道
　　4. 限制　交易
　　5. 平台　系统

二、培训　职责　开拓　电子商务　符合　平台　支付

第六课　看演出——请客户去看京剧吧

练习

一、1. B　2. A　3. C　4. A　5. C

二、1. 国粹　2. 字幕　3. 情节　4. 独特　5. 经典　6. 传统　7. 顺便　8. 相通　9. 地位　10. 签订

三、1. A　2. B　3. A　4. B　5. A　6. A

四、1. B　2. A

五、1. 看起来不错，但我对这个牌子谈不上了解，没法评论
　　2. 是个一般的演员吧，谈不上知名
　　3. 去那家老店吧，准能买到喜欢的点心
　　4. 准能考出理想的成绩
　　5. 多亏你们大力帮助

6. 多亏你提醒我

六、1. 我们这周末一起去看演出吧。

2. 京剧是中国的国粹，它的唱腔和动作都很有趣。

3. 我很想去看演出。

4. 看京剧好是好，我就是怕他们看不懂。

5. 如果你知道故事背景、基本情节和主要人物，那么就容易看懂了。

本课回顾

一、1. 国粹 2. 动作 3. 谈不上 4. 脸谱 性格 5. 相通

二、演出 动作 唱腔 服装 了解 人物 现场

第七课 市场推广——找一位明星来代言我们的产品吧

练习

一、1. B 2. A 3. C 4. B 5. C

二、1. 关键 2. 下滑 3. 定期 4. 说服 5. 同行 6. 景气 7. 突出 8. 快速 9. 热烈 10. 感染

三、1. B 2. A 3. B 4. A 5. A 6. B

四、1. B 2. B

五、1. 不错。你一点儿都没紧张，演得很自然

2. 她学习很认真，考前也努力复习了，自然考得好了

3. 一是北京，二是南京

4. 一是要准时来上课，二是要勤做笔记

5. 一方面是因为他是带病参加比赛，另一方面是因为参赛者都是强手

6. 一方面要自己发展好，另一方面要带动同学们进步

7. 好倒是挺好的，可是价钱也太贵了

8. 看起来倒是比姐姐成熟

六、1. 常见的推广方式有哪些呢？

2. 举办产品推介会，通过媒体宣传产品，这些方法比较有影响力。

3. 这次的广告应该突出品牌形象。

4. 我建议可以找一位明星来代言我们的产品。

5. 提供赞助也是一种重要的推广方式，可以使消费者更容易接受。

本课回顾

一、1. 利润

2. 知名度 形象

3. 业绩 影响力

4. 推广 公众

5. 关键

二、举办 宣传 展会 促销 代言 影响力

第八课　商务合作会谈——祝我们合作愉快

练习

一、1. A　2. C　3. B　4. A　5. C

二、1. 行业　2. 精力　3. 声誉　4. 细节　5. 范围　6. 起步　7. 集中　8. 创造　9. 值得　10. 信赖
　11. 洽谈　12. 分配　13. 提议　14. 交流　15. 商谈

三、1. B　2. A　3. A　4. B　5. B　6. A　7. B　8. A

四、1. B　2. A

五、1. 是的，他们的行为真是值得表扬和感谢
　2. 事实证明，我们的付出是值得的
　3. 如何平衡好家庭和事业的关系
　4. 那如何实现你的理想呢

六、1. 我们公司在过去的一年创造出了很好的业绩。
　2. 我希望我们洽谈成功，并能长期合作。
　3. 双方的收益如何分配？
　4. 请尽快根据订单地址发货。
　5. 我方自己组织销售团队，销售团队的工资、差旅费、通信费都由我方负责。

本课回顾

一、1. 行业
　2. 领先　经验
　3. 声誉　信赖
　4. 商谈
　5. 共赢　祝

二、洽谈　属于　声誉　领先　目标　分配　合作

第九课　网络购物——网络购物真方便啊

练习

一、1. B　2. C　3. C　4. B　5. C

二、1. 商圈　2. 实物　3. 口碑　4. 事项　5. 正规　6. 保证　7. 评价　8. 判断　9. 参考　10. 泄露

三、1. B　2. B　3. A　4. A　5. B　6. B　7. A

四、1. A　2. A

五、1. 非常好，你一定也要去看看，我保证你也一定会喜欢这个话剧
　2. 努力是成功的重要保证
　3. 甚至牺牲了所有的业余时间
　4. 甚至冬天也要吃

六、1. 足不出户，就可以购买各个地方的商品。

2. 你可以参考别人对商品、价格、服务态度、售后服务的评价，最好货比三家。
3. 有没有推荐的购物平台？
4. 除此之外，还有什么注意事项？
5. 要选择正规的网站购物，不要泄露自己的账号密码以及支付密码。

本课回顾

一、1. 甚至　2. 物流　3. 参考　评价　4. 推荐　平台　5. 事项　6. 泄露　密码

二、推荐　销量　口碑　参考　事项　正规　泄露　密码

第十课　旅行计划——我们一起去北京旅行吧

练习

一、1. B　2. C　3. B　4. B　5. A

二、1. B　2. A　3. A　4. B　5. 利用　6. 与其　7. 出行　8. 例会　9. 凑热闹　10. 攻略　11. 景点　12. 隆重　13. 周到　14. 不妨

三、1. A　2. B　3. A　4. A　5. A　6. B

四、1. B　2. A

五、1. 与其担心将来，不如现在多付出努力
2. 与其等待别人的帮助，不如自己想办法
3. 不妨与朋友讨论一下，问问别人的意见
4. 不妨换一条路走

六、1. 听朋友推荐过，北京必去景点有长城、故宫、天安门广场和颐和园。
2. 天安门广场有隆重的升旗仪式，可能还有阅兵仪式，我们可以去感受一下首都的国庆气氛。
3. 刚好现在是秋天，我们不妨去欣赏欣赏香山的红叶。
4. 真是一份完美的旅游攻略，我都迫不及待了！

本课回顾

一、1. 仪式　感受
2. 凑热闹　与其
3. 推荐　景点
4. 不妨
5. 攻略

二、推荐　隆重　仪式　气氛　民宿　共享　胡同　四合院　气息　迫不及待

第十一课　企业发展战略——我们需要制定一个长远的发展规划

练习

一、1. A　2. C　3. A　4. B　5. B

二、1. 取得　2. 形成　3. 领跑　4. 挑战　5. 开发　6. 考察　7. 超越　8. 激励　9. 提交　10. 持续　11. 激烈　12. 稳定　13. 饱和　14. 潜力　15. 核心

三、1. B 2. A 3. B 4. A 5. A 6. B 7. A 8. B
四、1. A 2. B
五、1. 尤其喜欢听京剧
2. 尤其是口语和听力
3. 各自的学习心得和体会
4. 各自谈起了自己的想法
5. 归根到底是你没有弄清楚里面的道理
6. 归根到底是经济上没有那么宽裕
六、1. 本地市场已经饱和，所以我们要寻找和开拓新的市场。
2. 在面临激烈竞争时，我们要找出应对策略，制定长远的发展规划。
3. 二三线城市有很大的潜力。
4. 目前我们遇到了一些挑战。
5. 我们应该重视人才的引进。

本课回顾

一、1. 长远
2. 实地
3. 激烈 归根到底
4. 考察
5. 引进
二、发展 成绩 挑战 饱和 开拓 安排 实地 报告

第十二课 升任部门主管——祝贺你升职了

练习

一、1. A 2. C 3. B 4. C 5. B
二、1. 回报 2. 功劳 3. 干劲 4. 生涯 5. 名额 6. 积累 7. 轮到 8. 降临 9. 鼓励 10. 主动
三、1. A 2. B 3. B 4. A 5. A 6. A 7. A 8. B
四、1. B 2. A
五、1. 还算看得清路
2. 难怪他今天没来上班
3. 他平时成绩不算是最好的，但他最近一直非常努力，所以考了第一并不让人意外
4. 是的，我们年龄相当，但他的能力比我强多了
六、1. 一分耕耘，一分收获，努力就会有回报。
2. 机会很难得，你要好好把握。
3. 希望大家都能在职业生涯中大展宏图。
4. 你是公司的骨干。
5. 我打算去国外进修。

本课回顾

一、1. 回报
　2. 开拓
　3. 成绩　功劳
　4. 难怪　提拔
　5. 准备　抓住
　6. 庆祝　送行

二、升职　进修　庆祝　送行　积极进取　收获

第十三课　策划年终活动——我们来讨论一下活动方案吧

练习

一、1. C　2. C　3. C　4. C　5. A

二、1. 总结　2. 效益　3. 沸点　4. 价值　5. 奖品　6. 抽奖　7. 集体　8. 无缘　9. 动员　10. 精致

三、1. A　2. B　3. A　4. B　5. A　6. B

四、1. B　2. A

五、1. 好的，反正也不着急，下次再说也行
　2. 你喜欢你买吧，反正我不喜欢
　3. 食用各种主食和副食，还要经常食用水果、坚果之类的食物
　4. 那不行，你毕竟是学生，学习才是你的主要任务
　5. 算了，他毕竟是孩子，而且他已经知道错了，就别再批评他了
　6. 要求严格了，我们才能有更大的提高，大家理解一下老师吧，毕竟他是为我们好

六、1. 增加一些活动，可以活跃气氛，增进了解，增强公司的凝聚力。
　2. 节目形式可以多种多样，唱歌、舞蹈、魔术之类的都可以。
　3. 这些活动都很有意义，我们会逐步开展起来。
　4. 希望大家以后更加齐心协力，为公司未来的发展做出更大贡献。

本课回顾

一、1. 策划　方案
　2. 反正
　3. 效益　经费
　4. 形式　之类
　5. 互动　合作　活跃
　6. 价值　毕竟　奖品

二、策划　总结　情况　集体　游戏　设置　保证

第十四课 春节——我想去看看中国人过春节的习俗

练习

一、1. C 2. B 3. A 4. B 5. C

二、1. 习俗 2. 眼界 3. 长辈 4. 寓意 5. 印象 6. 开阔 7. 团聚 8. 迎接 9. 表示 10. 燃放

三、1. A 2. B 3. A 4. B 5. A 6. B 7. B 8. A 9. B 10. A

四、1. B 2. B

五、1. 有时候直到 11 点才休息
2. 给病人做好手术后，又观察了一段时间，直到病人完全回到常态他才离开医院的
3. 没有，直到你告诉我，我才知道
4. 哪里啊，你才是我的榜样呢，我们互相学习吧
5. 好啊，大家交流一下，互相借鉴和学习

六、1. 这些食物都有美好的寓意。
2. 听说春节时全家人要团聚在一起迎接新年。
3. 据说春运期间票很难买，我们要早点订票。
4. 除夕夜全家人一起吃年夜饭，给孩子压岁钱，看春节联欢晚会，熬夜守岁，辞旧迎新。
5. 元宵节，人们挂灯笼、猜灯谜。

本课回顾

一、1. 开阔 加深
2. 订票
3. 团聚
4. 庆祝
5. 寓意

二、习俗 对联 压岁钱 守岁 寓意 舞狮 烟花爆竹 张灯结彩

第十五课 婚姻观差异——中西方的婚姻家庭观念差异挺大的

练习

一、1. C 2. A 3. A 4. B 5. C

二、1. 责任 2. 负担 3. 观念 4. 魅力 5. 积蓄 6. 存在 7. 干扰 8. 耽误 9. 减轻 10. 投入

三、1. B 2. A 3. A 4. B 5. A 6. B 7. B 8. A 9. A 10. B 11. B 12. A

四、1. B 2. B

五、1. 意味着我们的收益将有大幅度的提高
2. 这篇文章很有内涵，读来意味深长，所以我要反复阅读，细细体会
3. 哪怕是很尖锐的反对意见，也要虚心地去分析，合理的就要接受
4. 非常认真，哪怕是很小的事，他也会慎重对待
5. 则坐地铁去上班

6. 他喜欢安静，喜欢看书、画画什么的，我则爱动，喜欢打球、跑步之类的

六、1. 我们有独立的空间，互不干扰。

2. 你假期怎么过的？

3. 在中国见家长就意味着准备结婚了。

4. 很多年轻人买不起房子，只能租房子。

5. 这完全是你的责任。

本课回顾

一、1. 意味

2. 即使

3. 独立　靠

4. 耽误

5. 观念

二、意味　结婚　支持　退休　带　责任　观念　差异